martin christen

illustre gedichte

text, gestaltung, illustrationen, fotos: martin christen
ideen, texte, lektorat: melody maurer

© 2024 martin christen
achgottverlag.ch, 5300 baden-turgi, switzerland
Verlag: BoD • Books on Demand GmbH, In de
Tarpen 42, 22848 Norderstedt
Druck: Libri Plureos GmbH, Friedensallee 273,
22763 Hamburg
ISBN: 978-3-7583-6413-6

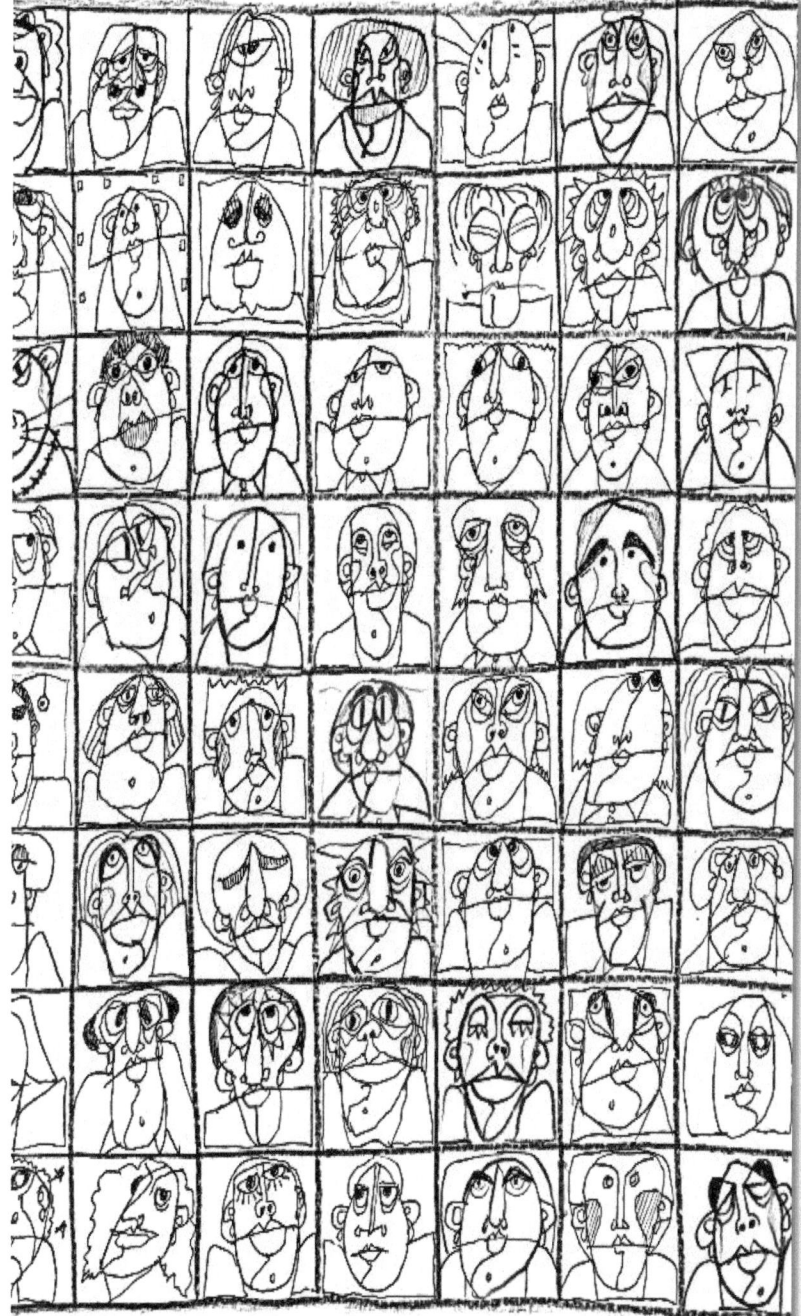

martin christen

illustre
gedichte

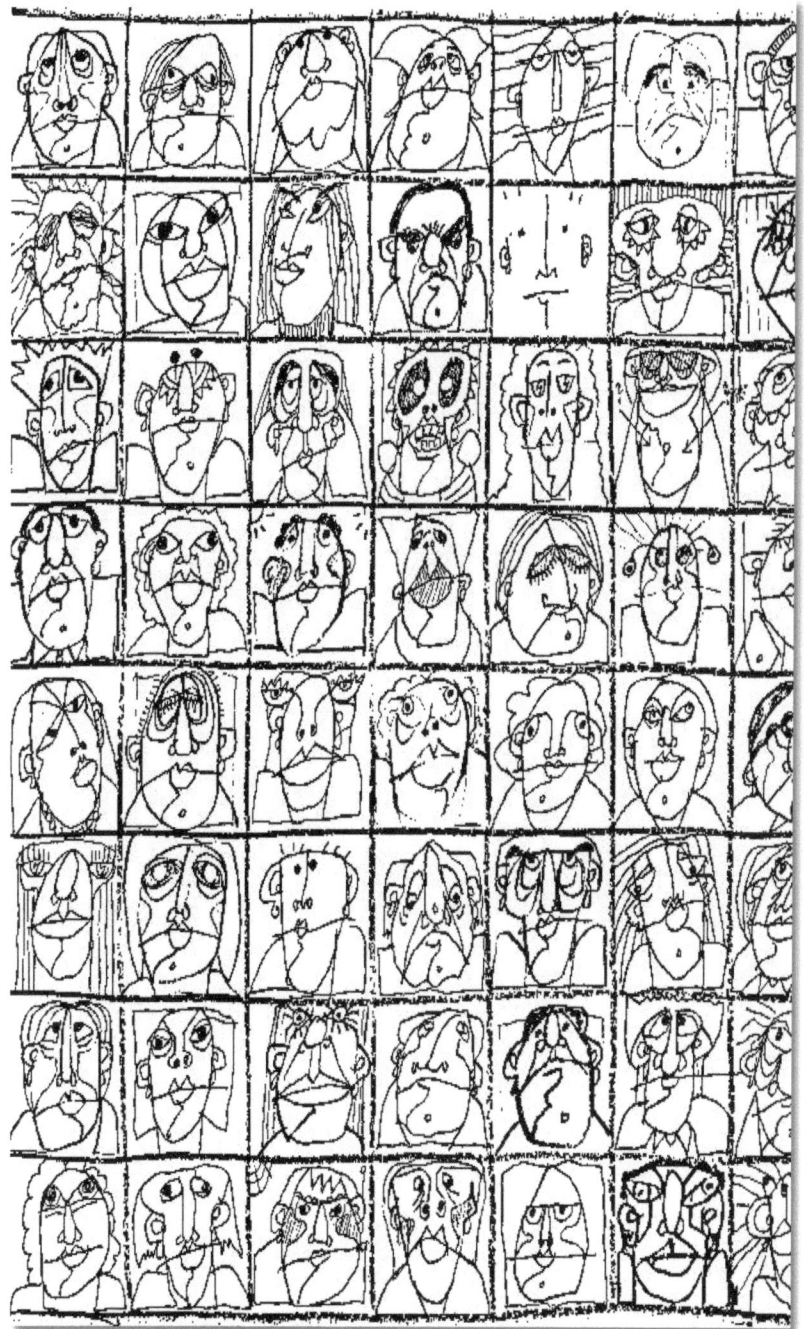

vorwort.

" illustre gedichte"
ist ein aus not entstandenes, literarisches produkt,
aus dem umstand,
dass sich der autor innerhalb eines montagnachmittags zu
entscheiden hatte,
ob es
– überhaupt
– und falls –
wie es weitergehen solle:

mit was für inhalten
in welchen literarischen formen.

was zu jenem ergebnis führte,
in dem sie eventuell schon geblättert haben.

liebe leserinnen und leserinnen,

erwarten sie nicht zu viel,
weder des guten,
noch des schlechten.

denn nur,
wenn sie nichts erwarten,
wird das gute noch besser
und das weniger gute
wirklich gut.

vor allem dann,
wenn sie
an sich selbst denken.

13

amen

sprach der grossvater
und biss
ins

gras

keiner

zu klein

nicht

noch kleiner

zu sein

kern

kraft

durch

freude

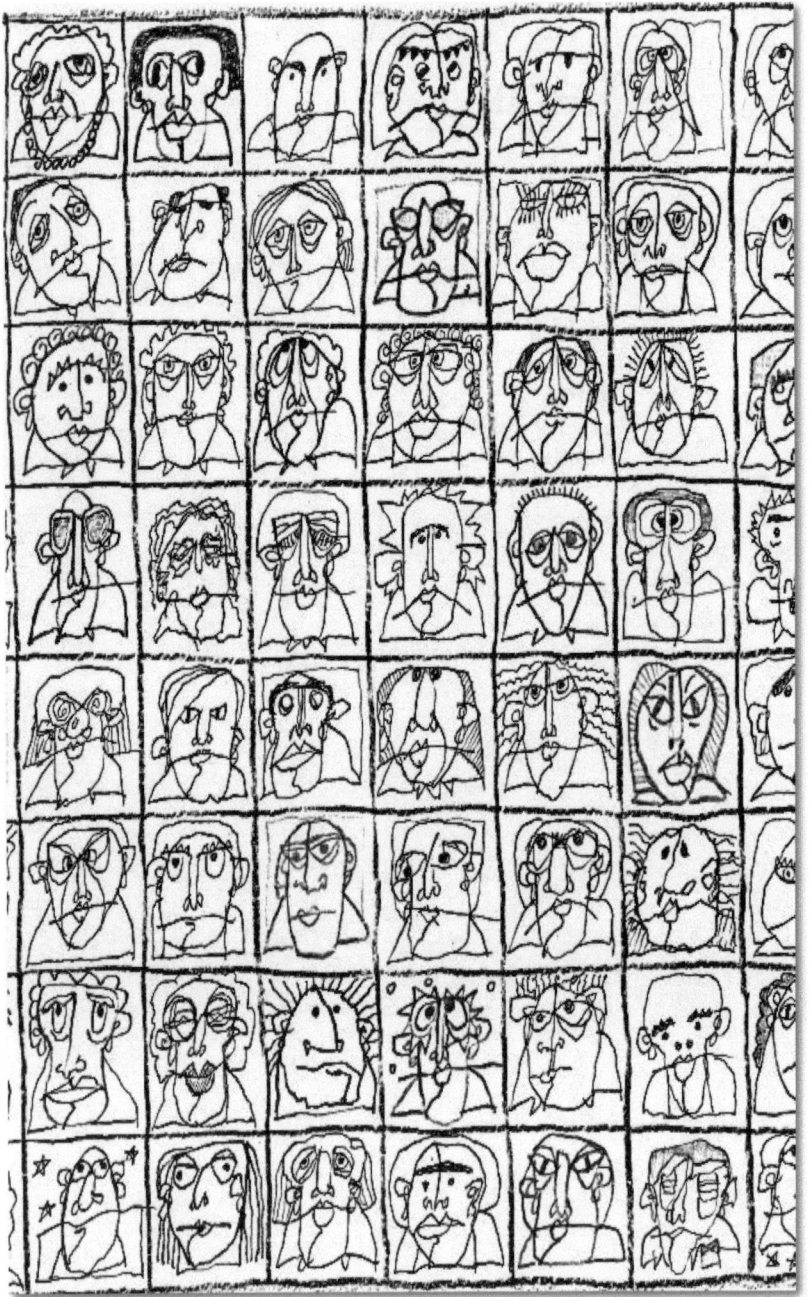

die totenmesse

hatte ihren betrieb
bereits
aufgenommen

auch
das rote kreuz
gottes
war
machtlos

nicht ohne
mitgefühl
gedachte dieser
der
menschheit

schlechte

zeiten
für erdkunde

europa
gestrichen

gute zeiten
für fabrikanten
von

atlanten

wir

dulden
keine
gewalt

sonst
knallts

auch

die
vollautomatische tür
des
südeingangs
funktionierte
nicht
mehr

was im fernsehn

kommt
geht vorbei
wie das leben

zapp zapp
ists vorbei

wars gut
wars spannend
bist du zufrieden
mit deinem film

zapp zapp

was im leben kommt
geht vorbei

wie die news
die werbung
das wetter

fjoh

zu sein
bedajf
es wenig

und wej
fjoh ist

ist
kein
kenig

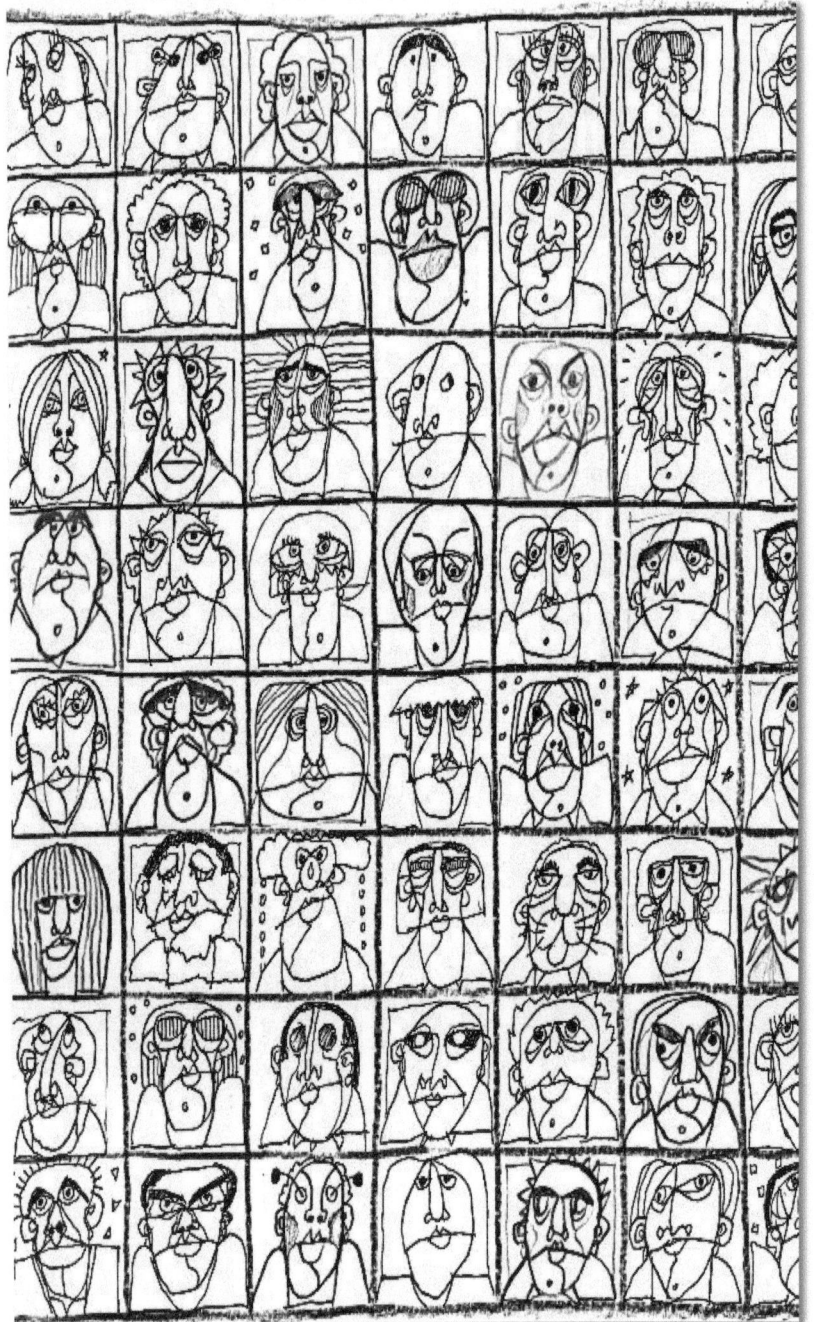

hoffnung

tote

sprächen

die gleiche

sprache

der mensch

im

schafspelz

wandrer

kämst du

nach

spa

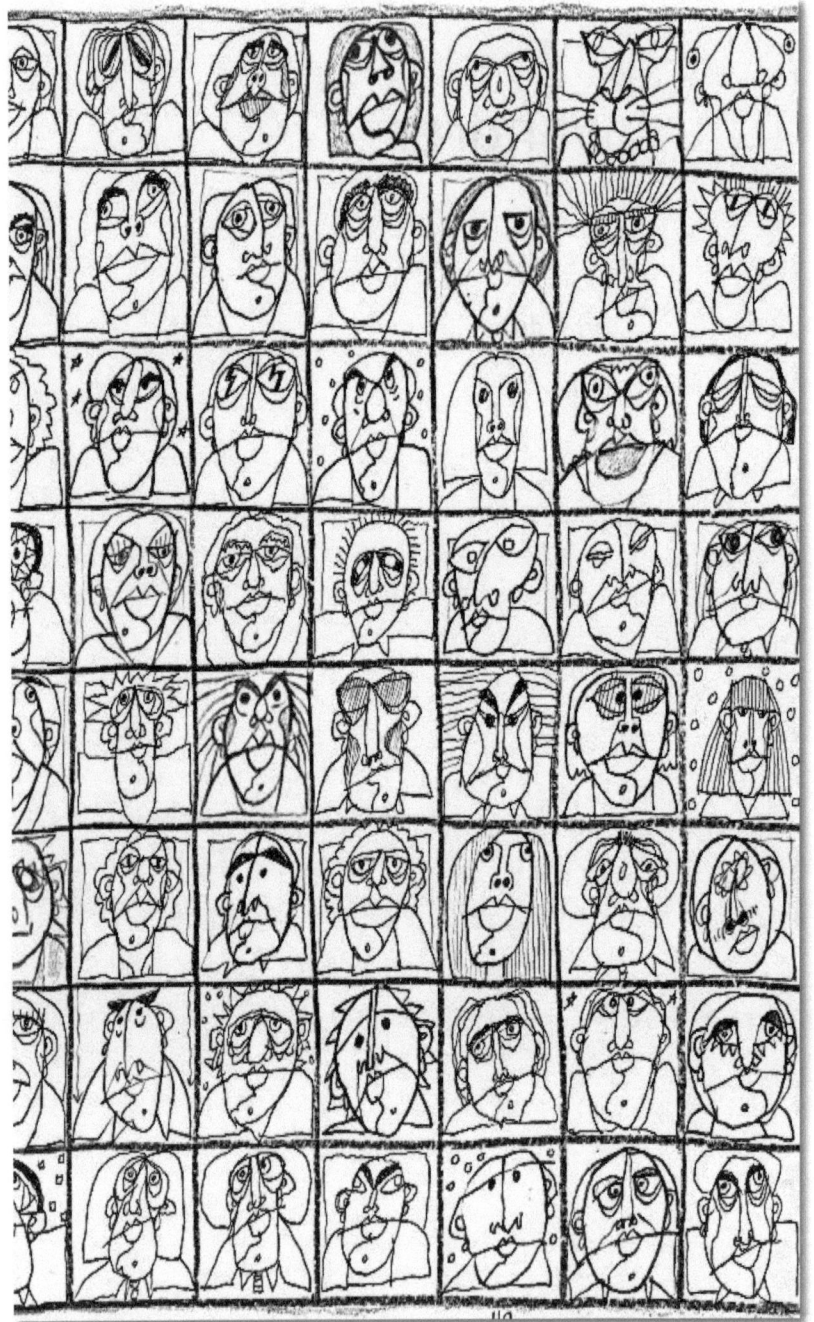

29

ge*now*

*fly*sch
*fly*schig

*fly*ss
*fly*ssig

*cow*en
*cow*fen

*cow*gummi
*cow*z

*how*fen
*how*stier

*how*chen
*how*t

*eye*tel
*eye*ter

*eye*che
l*eye*che

*who*mor

*who*sten

*who*feisen
*who*mus

*who*t
*who*hn

*who*man
*who*nd

*who*nger
*who*go

*whom*bug
*guy*stlos

*buy*fall

*buy*spiel

*buy*sammen
*buy*leid

*buy*ssen
buy fuss

*buy*tritt
*buy*trag

*blue*se
*blue*twurst
*blue*me

see
*why*nte
*my*st
*fry*tags

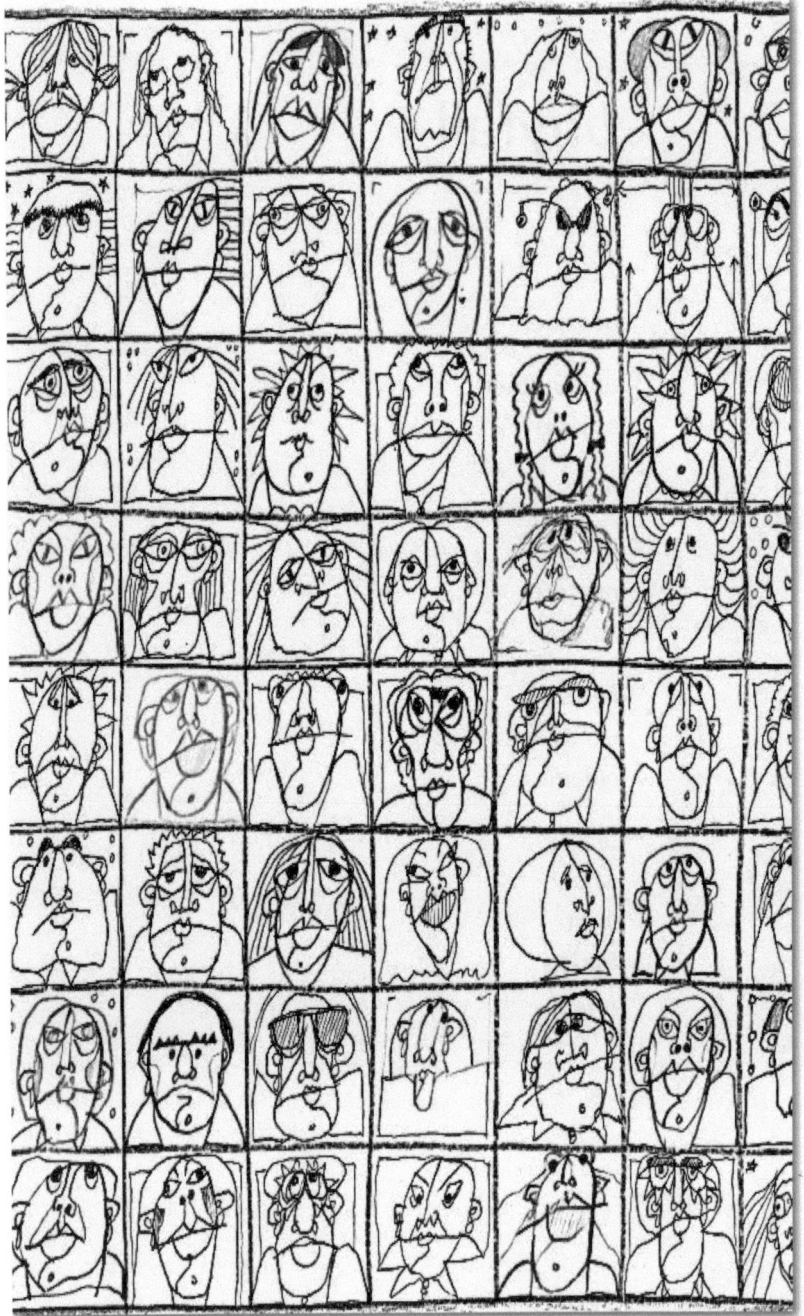

*high*mat

*high*land
*high*kel

*high*zung
*high*ter
*high*lig

*knee*mand
*knee*re
*knee*derschlag

*knee*te
*knee*mals
*knee*l

*bee*ne
*bee*ten
*bee*bel

*hen*gabe
*hel*fe
*she*betür

*cry*de

*clean*ik

*cut*ze

*high*fisch

*why*nacht

*tear*ärztin

*bus*geige

*half*er

*gull*gen

*harbour*nichts

*harder*lump

*gun*ove

*she*fahren

*shy*tern

*wright*en

*light*er

*why*blich

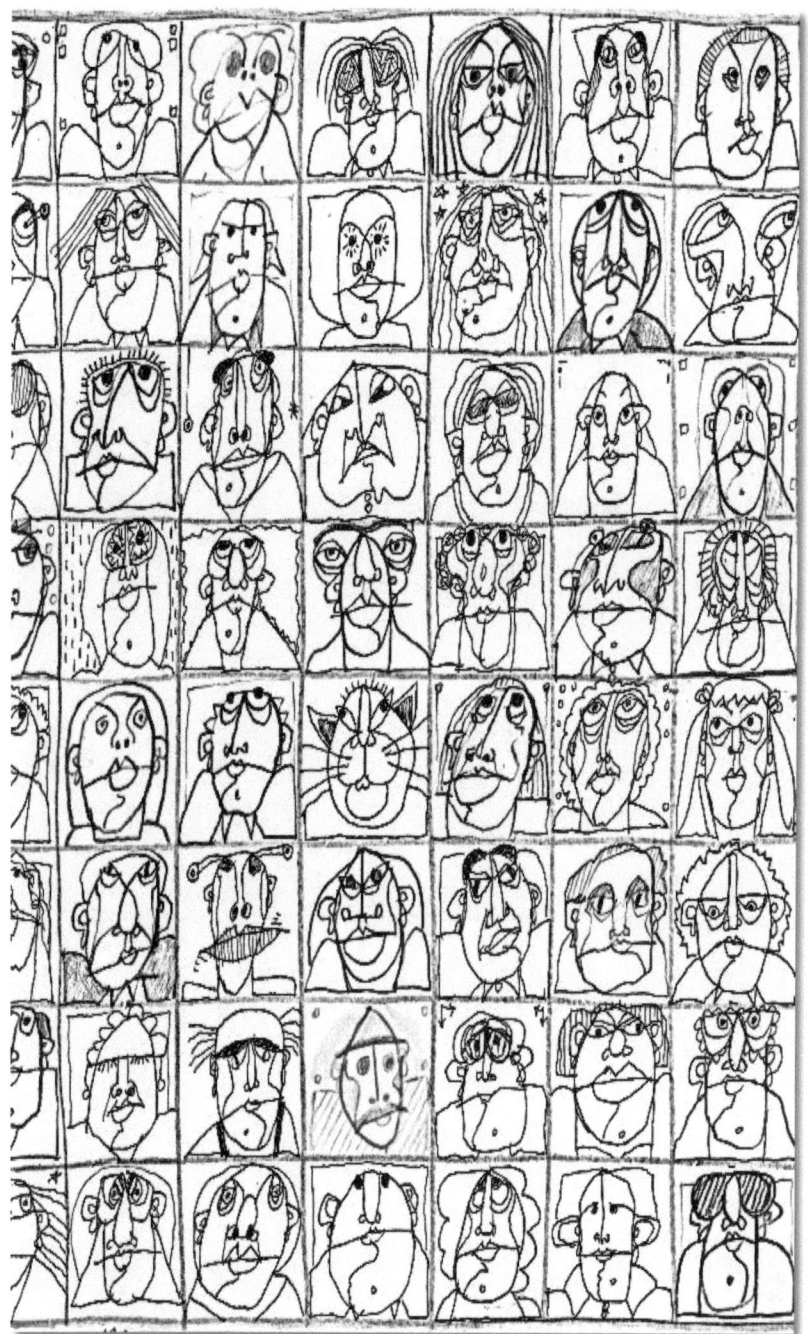

frieden

statt
butter

wollt ihr

die friedliche
gewalt

die friedliche bombe

den totalen
frieden

das geschäft

mit dem frieden
lief
wie geschmiert

die friedensindustrie
rüstete auf

der wahnsinn des friedens
nahm seinen lauf

die feigen
friedenshetzerinnen
und hetzer
holten aus

zum
endgültigen
friedensschlag

die

für den krieg
sind

fahren
in limousinen

wohnen in
schlössern

schwelgen in
luxus

haben nichts
zu befürchten

krieg um krieg

gegen
das
volk

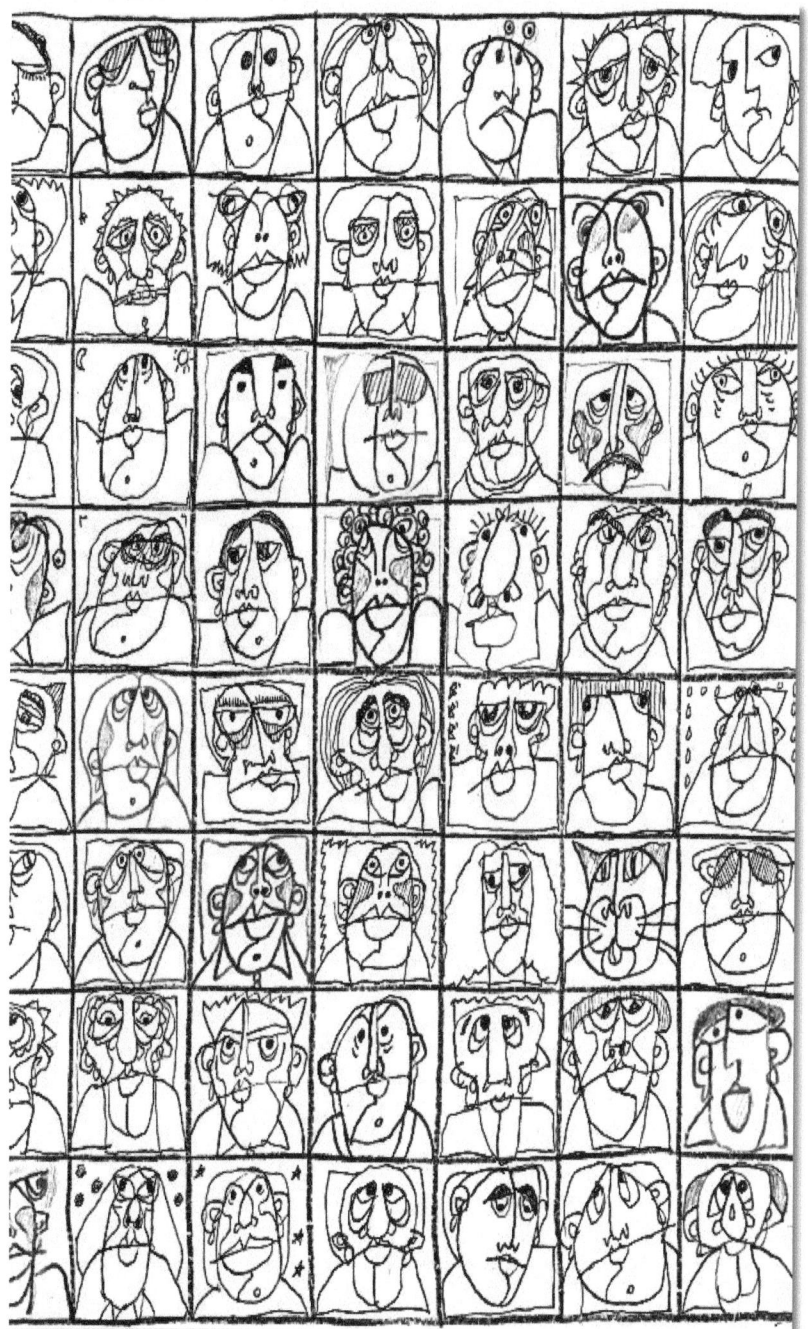

tot

sargauf

durein

deckeldrauf

tot

lieber

1 gleichgewicht der
schrecken
ohne

als

1
schrecken
mit

ende

eine kuh

ohne
helm

ist
noch lange nicht

auch
gegen
den krieg

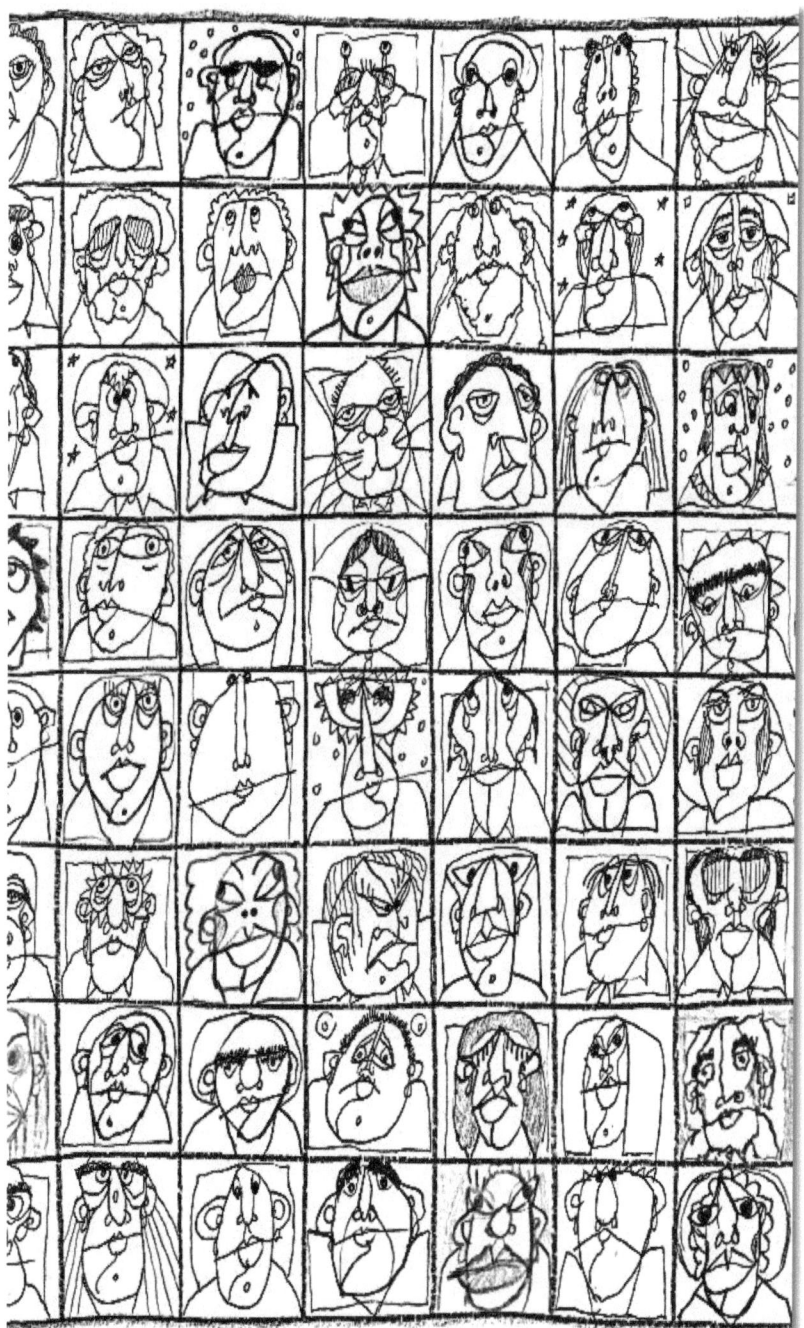

es gab

wichtigeres

als

den

frieden

wenn

die ewige morgenröte
die wälder
versengt

wenn
die sumpfhühner
ersaufen

der löwenzahn
verdorrt

das tal
zur wüste wird

die toten
aufstehen
aus ihren gräbern
und
protestieren
gegen
die menschheit

was solls
fake news
halb
so schlimm

aufgrund der

radioaktiven verseuchung
durch den stern
von bethlehem

erleiden
noch heute

gemäss neusten
wissenschaftlichen
studien

jährlich
weltweit
tausende
kleinkinder

den
tod

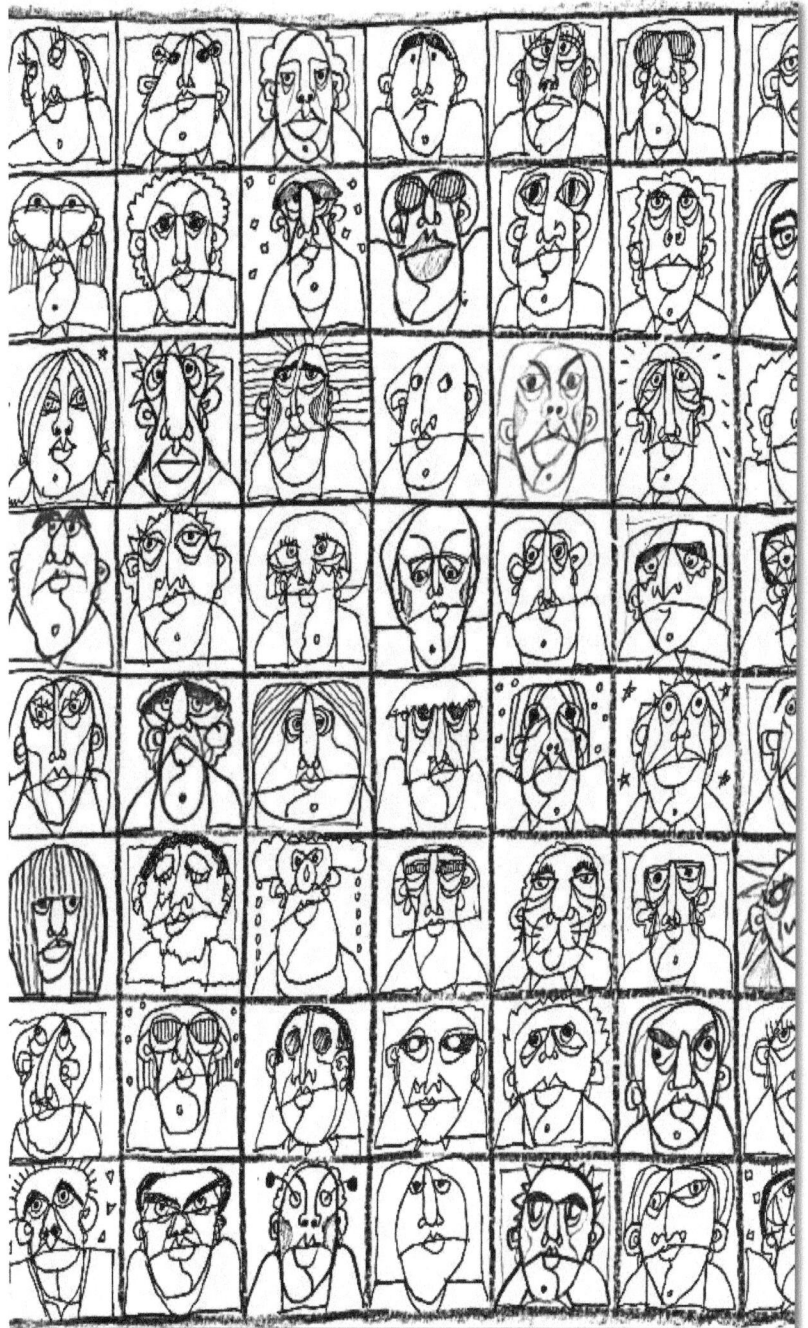

ginge

der brunnen
zum krug
bis er
bräche

flösse
das meer
hinauf zu den
quellen

wären
aller guten dinge
vier
und nicht
drei

hätte
rotkäppchen
den wolf
gefressen

schneewittchen
dornröschen

und die magd
den prinzen

geküsst

die geschichte
der menschheit
sähe anders
aus

ganz
anders

die kluge

reiste im
zuge

eine schwalbe
machte noch
keinen sommer

viele köchinnen
verdarben den
brei

morgenstund
hatte gold
im mund

leise rieselte
der schnee

über allen wipfeln
war ruh

sein oder
nicht sein
war die frage

die reichen
residierten in ihren
palästen

die armen
verhungerten vor
deren toren

uniformierte mörder
zerbombten
dörfer und städte

das böse
besiegte
das gute

die lüge
die wahrheit

der hass
die liebe

regen fiel
vom himmel

der schnee
schmolz
an der sonne

der mond
ging auf

die erde
unter

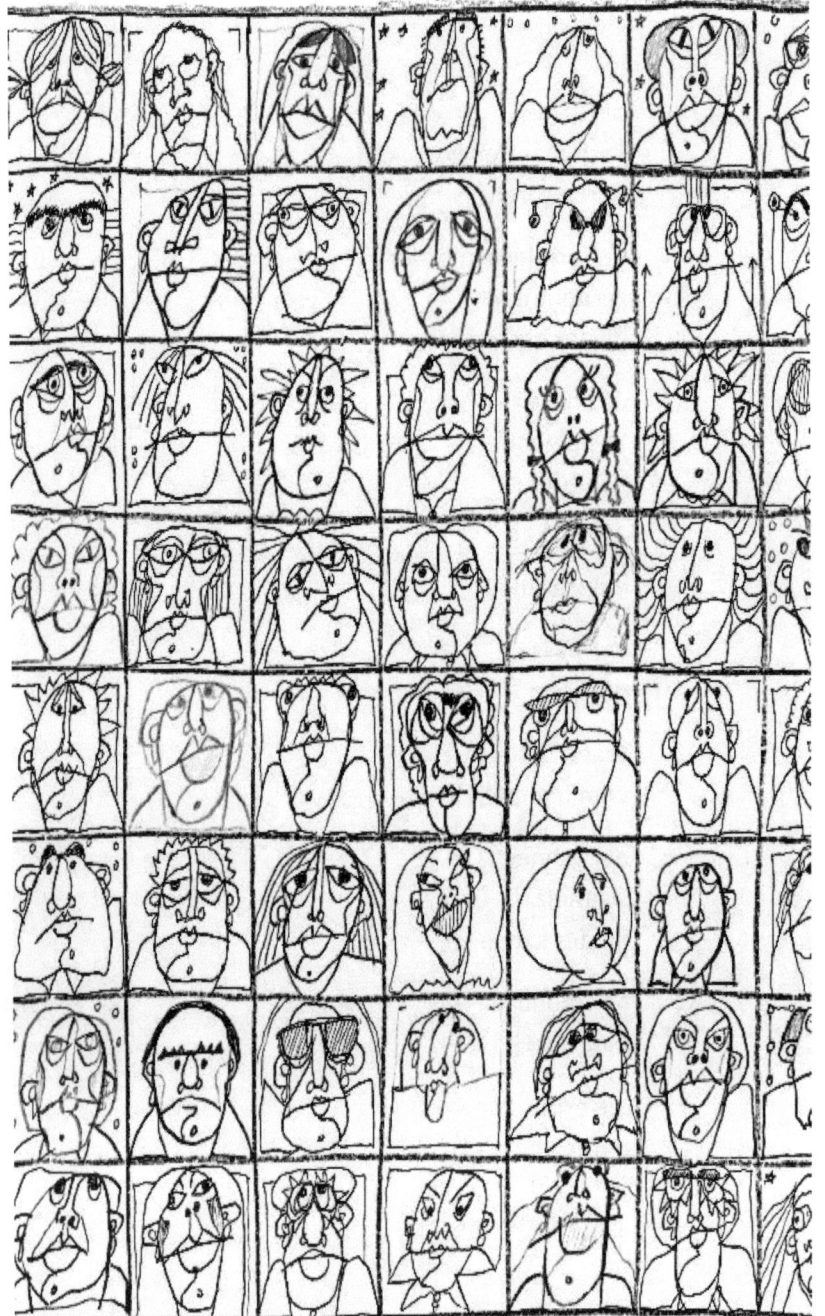

1 krisenmanager

und 1 krisenmanagerin
verliebten sich
einmal
heftig
mit- und
ineinder

und
bereits
am nächsten morgen
blieben
sämtliche
geschäfte

geschlossen

privat

was ist schon
privat

privat ist
zum beispiel
das bankkonto
der
reichen

geht niemand
was an
die nicht versteuerten
milliarden

reichtum
ist privat

ausbeutung
ist privat

macht
ist privat

selbst schuld
wer nicht reich ist

selbst schuld
wer sich

das private
nicht
leisten kann

.

rechts

fahren

links

denken

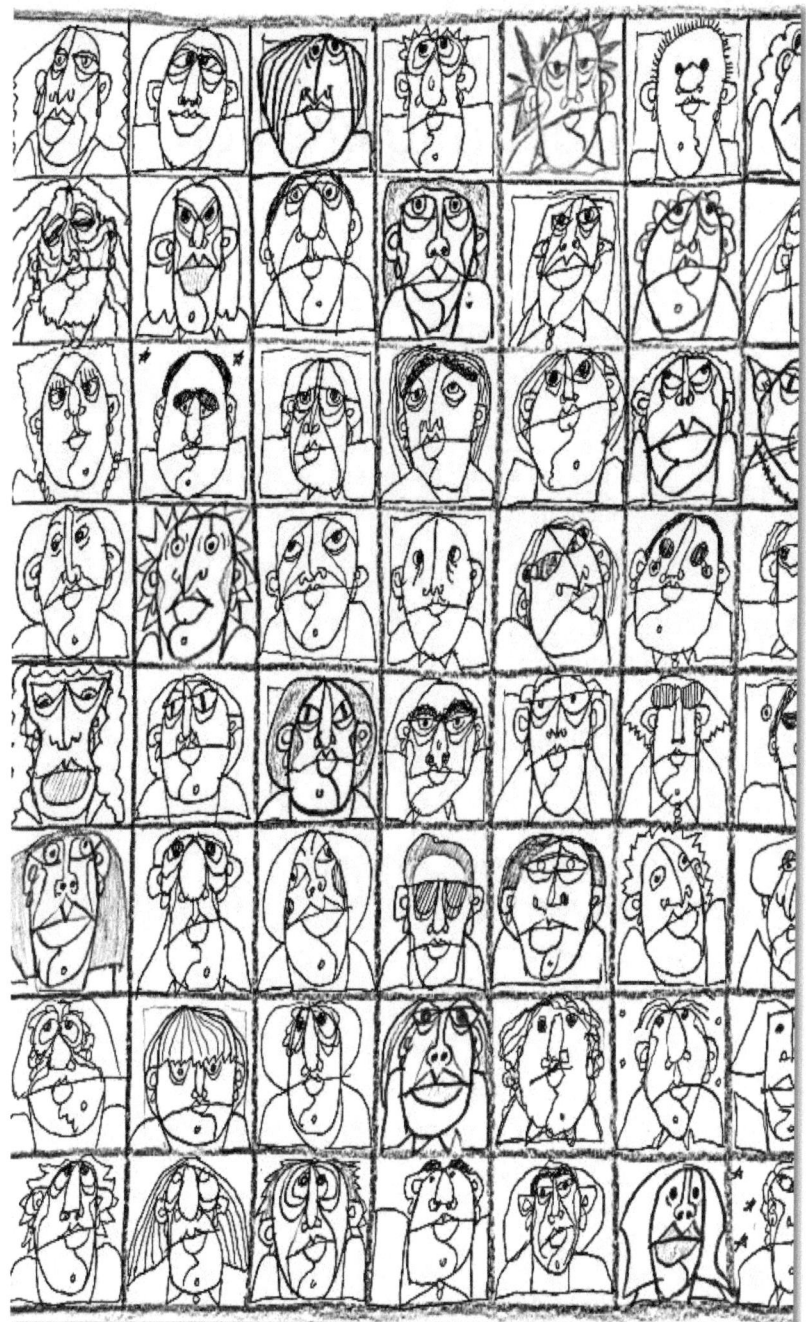

nochhabichmich

nicht beschäftigt
mit dem
tod

nochhabichmich
nicht beschäftigt
damit
wie es ist
danach

wie es ist
dazuliegen
reglos
steif
starr und kalt
im totenbett
im sarg
im krematorium

bevor sie kommen
die flammen
und dich
verschlingen
mit haut
haar
und knochen

und all
den gedanken
träumen
gefühlen
die du je
hattest

doch

nochhabichmich

er war einer

von denen

der frass
was er nicht kannte

dem die
axt im haus
nicht
den zimmermann ersparte

der den tag
vor dem abend
lobte

den
die letzten hunde
nicht
bissen

der
nicht
seines glücks
schmied

dem guter rat
nicht
teuer

der hinterher

nicht
klüger
war

der die suppe
die er sich eingebrockt hatte
nicht auslöffelte

der an dem ast
auf dem er sass
sägte

der sich nicht
freute
wenn zwei sich
stritten

dem scherben
kein
glück brachten

und

den das
was ihn umbrachte
nicht
stark
machte

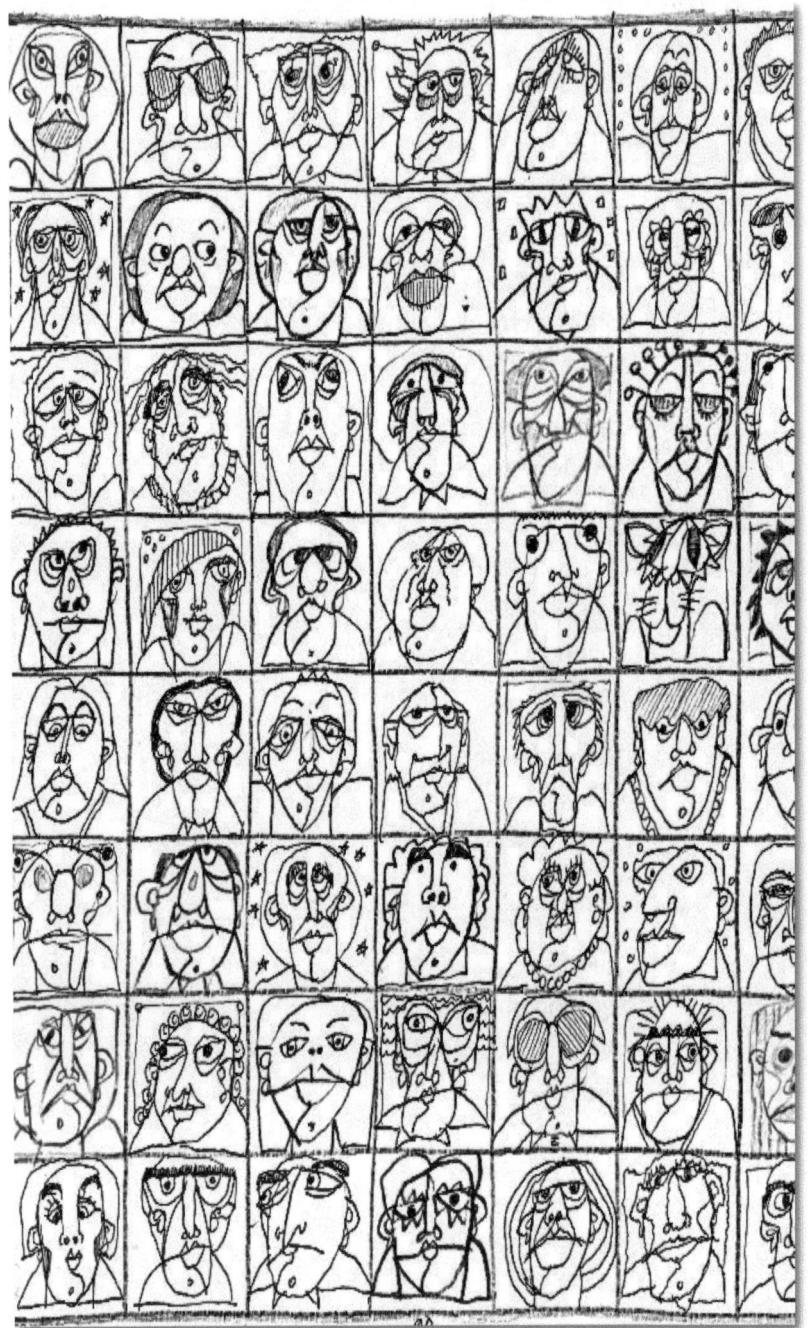

ein sauberes

bürschchen

ich fahre
sauber

ich denke
sauber

ich handle
sauber

ich rauche
sauber

ich fluche
lüge
betrüge
sauber

ich
hinterziehe
stehle
zerstöre
sauber

ich
vergifte
vergewaltige
morde

sauber

ich lebe
sauber

und

habe
ein sauberes gewissen

ich
der
sauberste
aller
saubermänner

schau

dich an
mann

im spiegel deiner seele

mann
deine fresse

mann
deine fratze

wer
bist
du

mann

kinderlachen

im schulzimmer

die sonne
lachte

der beamer
strahlte

fröhlich
der tag

ob es
schon
zeichen
dieses
frühen
todes
gab

fraglos
antwortlos
hilflos
fassungslos

WO

gekaufter mensch

führt sie hin

die kahle

piste

deines

lebens

eiapopeia

wie fröhlich
trommelt
das ewige dunkel

gegen die

windschutzscheibe
des

todes

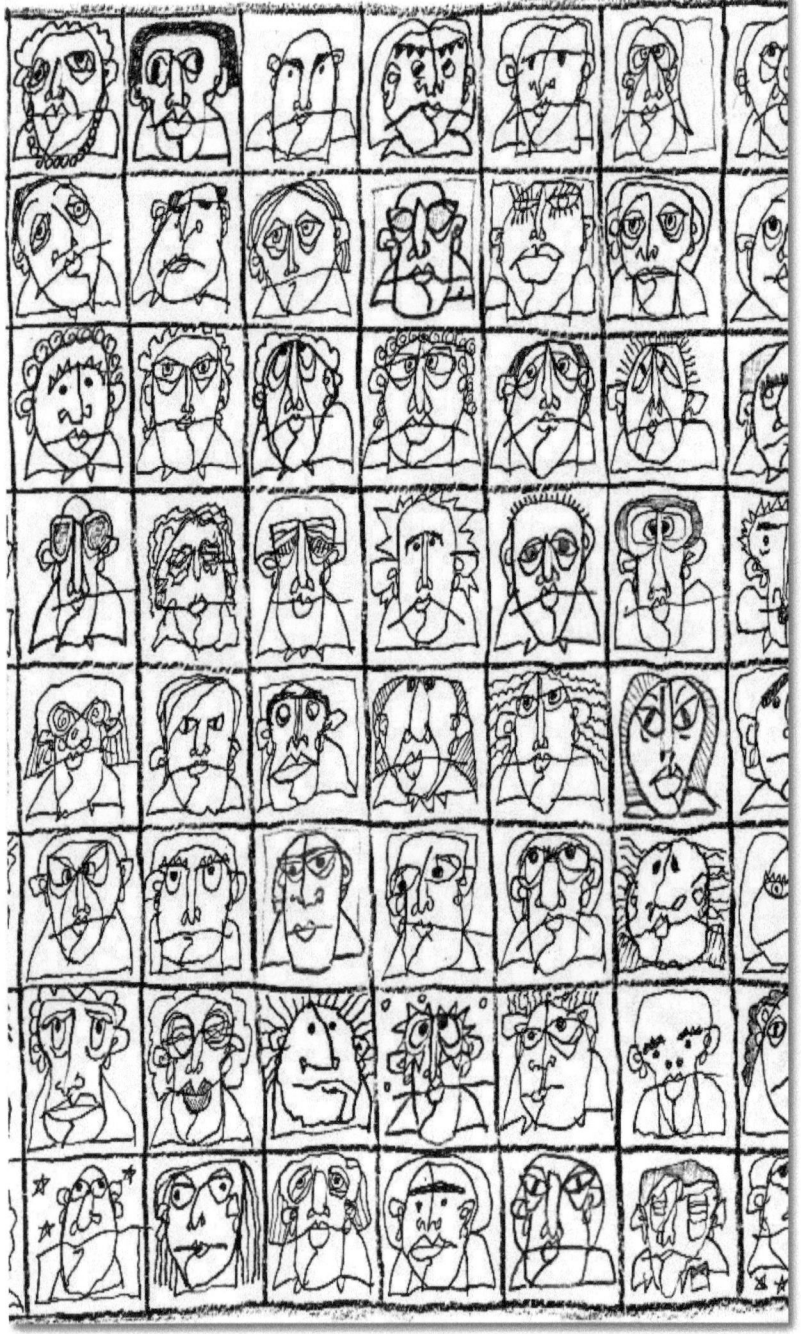

langsames erfassen

eines
zusammenhangs

aaaaaaaaaaaaaaaaaaaaaaaaaaaaaaaaaaaaaaaaaaaaaaaaaaaaaaaa
aaaaaaaaaaaaaaaaaaaaaaaaaaaaaaaaaaaaaaaaaaaaaaaaaaaaaaaa
aaaaaaaaaaaaaaaaaaaaaaaaaaaaaaaaaaaaaaaaaaaaaaaaaaaaaaaa
aaaaaaaaaaaaaaaaaaaaaaaaaaaaaaaaaaaaaaaaaaaaaaaaaaaaaaaa
aaaaaaaaaaaaaaaaaaaaaaaaaaaaaaaaaaaaaaaaaaaaaaaaaaaaaaaa
aaaaaaaaaaaaaaaaaaaaaaaaaaaaaaaaaaaaaaaaaaaaaaaaaaaaaaaa
aaaaaaaaaaaaaaaaaaaaaaaaaaaaaaaaaaaaaaaaaaaaaaaaaaaaaaaa
aaaaaaaaaaaaaaaaaaaaaaaaaaaaaaaaaaaaaaaaaaaaaaaaaaaaaaaa
aaaaaaaaaaaaaaaaaaaaaaaaaaaaaaaaaaaaaaaaaaaaaaaaaaaaaaaa
aaaaaaaaaaaaaaaaaaaaaaaaaaaaaaaaaaaaaaaaaaaaaaaaaaaaaaaa
aaaaaaaaaaaaaaaaaaaaaaaaaaaaaaaaaaaaaaaaaaaaaaaaaaaaaaaa
aaaaaaaaaaaaaaaaaaaaaaaaaaaaaaaaaaaaaaaaaaaaaaaaaaaaaaaa
aaaaaaaaaaaaaaaaaaaaaaaaaaaaaaaaaaaaaaaaaaaaaaaaaaaaaaaa
aaaaaaaaaaaaaaaaaaaaaaaaaaaaaaaaaaaaaaaaaaaaaaaaaaaaaaaa
aaaaaaaaaaaaaaaaaaaaaaaaaaaaaaaaaaaaaaaaaaaaaaaaaaaaaaaa
aaaaaaaaaaaaaaaaaaaaaaaaaaaaaaaaaaaaaaaaaaaaaaaaaaaaaaaa
aaaaaaaaaaaaaaaaaaaaaaaaaaaaaaaaaaaaaaaaaaaaaaaaaaaaaaaa
aaaaaaaaaaaaaaaaaaaaaaaaaaaaaaaaaaaaaaaaaaaaaaaaaaaaaaaa
aaaaaaaaaaaaaaaaaaaaaaaaaaaaaaaaaaaaaaaaaaaaaaaaaaaaaaaa
hhh
a

von einer polizistin

mit der trillerpfeife
zu pfeifen

rrrrrrrrrrrrrrrrrrrrrrrrrrrrrrrrrrrrrrrrrrrrrrrrrrrrrrrrrrrrrrrrrrrrrrrrrrrrrrrrrrrrrr
rrrrrrrrrrrrrrrrrrrrrrrrrrrrrrrrrrrrrrrrrrrrrrrrrrrrrrrrrrrrrrrrrrrrrrrrrrrrrrrrrrrrrr
rrrrrrrrrrrrrrrrrrrrrrrrrrrrrrrrrrrrrrrrrrrrrrrrrrrrrrrrrrrrrrrrrrrrrrrrrrrrrrrrrrrrrr
rrrrrrrrrrrrrrrrrrrrrrrrrrrrrrrrrrrrrrrrrrrrrrrrrrrrrrrrrrrrrrrrrrrrrrrrrrrrrrrrrrrrrr
rrrrrrrrrrrrrrrrrrrrrrrrrrrrrrrrrrrrrrrrrrrrrrrrrrrrrrrrrrrrrrrrrrrrrrrrrrrrrrrrrrrrrr
rrrrrrrrrrrrrrrrrrrrrrrrrrrrrrrrrrrrrrrrrrrrrrrrrrrrrrrrrrrrrrrrrrrrrrrrrrrrrrrrrrrrrr
rrrrrrrrrrrrrrrrrrrrrrrrrrrrrrrrrrrrrrrrrrrrrrrrrrrrrrrrrrrrrrrrrrrrrrrrrrrrrrrrrrrrrr
rrrrrrrrrrrrrrrrrrrrrrrrrrrrrrrrrrrrrrrrrrrrrrrrrrrrrrrrrrrrrrrrrrrrrrrrrrrrrrrrrrrrrr
rrrrrrrrrrrrrrrrrrrrrrrrrrrrrrrrrrrrrrrrrrrrrrrrrrrrrrrrrrrrrrrrrrrrrrrrrrrrrrrrrrrrrr
rrrrrrrrrrrrrrrrrrrrrrrrrrrrrrrrrrrrrrrrrrrrrrrrrrrrrrrrrrrrrrrrrrrrrrrrrrrrrrrrrrrrrr
rrrrrrrrrrrrrrrrrrrrrrrrrrrrrrrrrrrrrrrrrrrrrrrrrrrrrrrrrrrrrrrrrrrrrrrrrrrrrrrrrrrrrr
rrrrrrrrrrrrrrrrrrrrrrrrrrrrrrrrrrrrrrrrrrrrrrrrrrrrrrrrrrrrrrrrrrrrrrrrrrrrrrrrrrrrrr
rrrrrrrrrrrrrrrrrrrrrrrrrrrrrrrrrrrrrrrrrrrrrrrrrrrrrrrrrrrrrrrrrrrrrrrrrrrrrrrrrrrrrr
rrrrrrrrrrrrrrrrrrrrrrrrrrrrrrrrrrrrrrrrrrrrrrrrrrrrrrrrrrrrrrrrrrrrrrrrrrrrrrrrrrrrrr
rrrrrrrrrrrrrrrrrrrrrrrrrrrrrrrrrrrrrrrrrrrrrrrrrrrrrrrrrrrrrrrrrrrrrrrrrrrrrrrrrrrrrr
rrrrrrrrrrrrrrrrrrrrrrrrrrrrrrrrrrrrrrrrrrrrrrrrrrrrrrrrrrrrrrrrrrrrrrrrrrrrrrrrrrrrrr
rrrrrrrrrrrrrrrrrrrrrrrrrrrrrrrrrrrrrrrrrrrrrrrrrrrrrrrrrrrrrrrrrrrrrrrrrrrrrrrrrrrrrr
rrrrrrrrrrrrrrrrrrrrrrrrrrrrrrrrrrrrrrrrrrrrrrrrrrrrrrrrrrrrrrrrrrrrrrrrrrrrrrrrrrrrrr
rrrrrrrrrrrrrrrrrrrrrrrrrrrrrrrrrrrrrrrrrrrrrrrrrrrrrrrrrrrrrrrrrrrrrrrrrrrrrrrrrrrrrr
rrrrrrrrrrrrrrrrrrrrrrrrrrrrrrrrrrrrrrrrrrrrrrrrrrrrrrrrrrrrrrrrrrrrrrrrrrrrrrrrrrrrrr
rrrrrrrrrrrrrrrrrrrrrrrrrrrrrrrrrrrrrrrrrrrrrrrrrrrrrrrrrrrrrrrrrrrrrrrrrrrrrrrrrrrrrr
rrrrrrrrrrrrrrrrrrrrrrrrrrrrrrrrrrrrrrrrrrrrrrrrrrrrrrrrrrrrrrrrrrrrrrrrrrrrrrrrrrrrrr

r

von einer arbeitenden

biene
zu summen

sssssssssssssssssssssssssssssssssssssssssssssssssssssssssummm
ssssssssssssssssssssssssssssssssssssssssssssssssssssssssssssummm
ssssssssssssssssssssssssssssssssssssssssssssssssssssssssssssummm
sssssssssssssssssssssssssssssssssssssssssssssssummm
sssssssssssssssssssssssssssssssssssssssssssssssssssssssssssssummm
ssssssssssssssssssssssssssssssssssssssssssssssssssssssssssummm
sssssssssssssssssssssssssssssssssssssssssssssssssssssssummm
sssssssssssssssssssssssssssssssssssssssssssssssssssssssssssssssummm
ssssssssssssssssssssssssssssssssssssssssssssssssssssssssummm
sssssssssssssssssssssssssssssssssssssssssssssssssssssssssssssssummm
ssssssssssssssssssssssssssssssssssssssssssssssssssssssummm
sssssssssssssssssssssssssssssssssssssssssssssssssssssssssssssssummm
sssssssssssssssssssssssssssssssssssssssssssssssssssssssssssssummm
sssssssssssssssssssssssssssssssssssssssssssssssssssummm
ssssssssssssssssssssssssssssssssssssssssssssssssssssssssssssssssummm
sssssssssssssssssssssssssssssssssssssssssssssssummm
sssssssssssssssssssssssssssssssssssssssssssssssssssssssssssssssummm
ssssssssssssssssssssssssssssssssssssssssssssssssssssssssssssssssssummm
sssssssssssssssssssssssssssssssssssssssssssssssssummm
sssssssssssssssssssssssssssssssssssssssssssssssssssssssssssssssssssssssummm
ssssssssssssssssssssssssssssssssssssssssssssssssssssssssssssssssssummm
sssumm

stiller raum

beinahe stiller raum

so

aha

sh

kurzes hi

ih

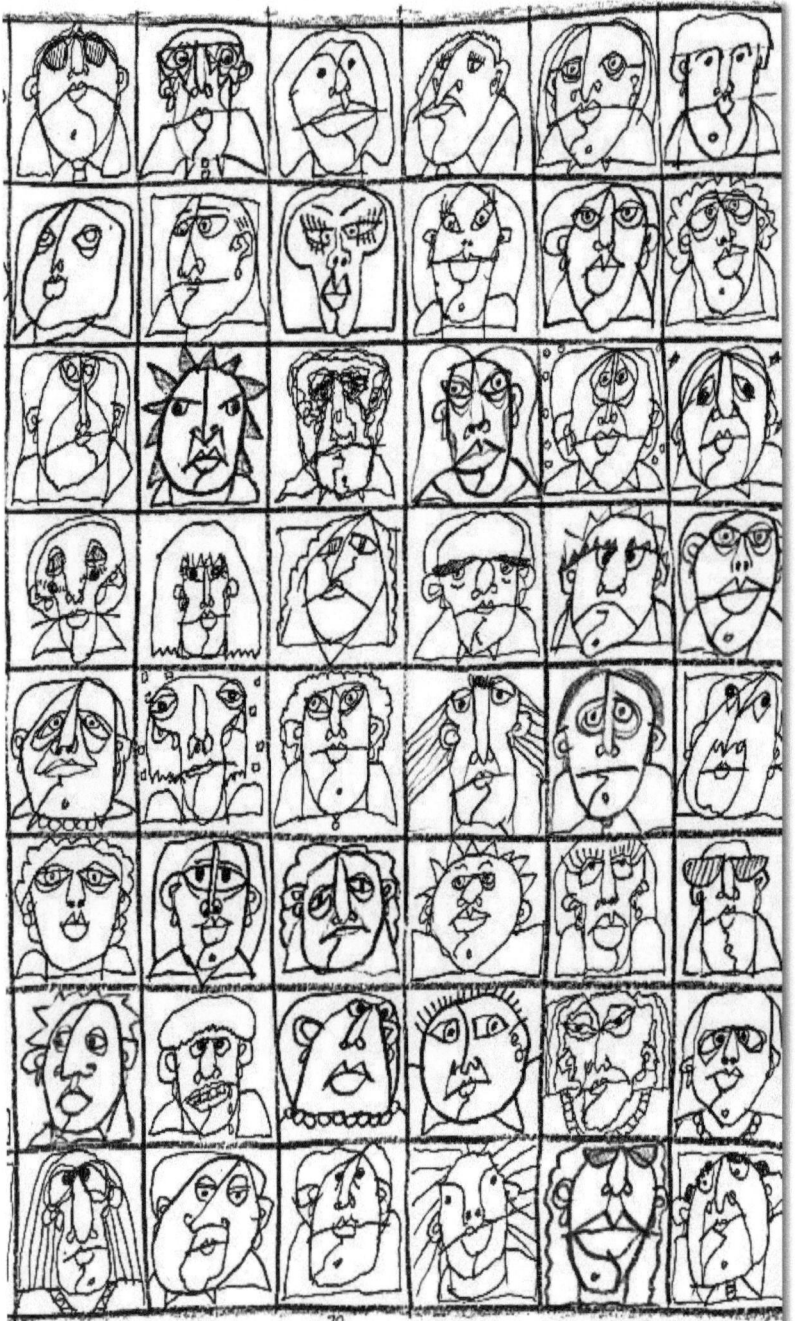

79

in einem land

wo die
wirte

jagd machen

auf ihre
gäste

ist die
bewirtschaftung
der menschlichen gesellschaft

aus ihren anfängen
heraus

zur fraglichen zeit

wird er sich
im garten
aufgehalten haben
mit
der
gartenschere

zum
entzweischneiden
der
schnecken

denn
er
ist
gegen
schnecken
körner

noch

sprechen
die bauherren nicht
von endlösung

doch die
endlagerung
der natur
ist
schon geplant

he

förster

deine
abgeholzte
seele
gehört

eingezäunt

in uns

die steinzeit

beton
ist
überall

auch autos

sind
nur menschen

zuversicht

0	klimaschutz
7 885 216	schutzplätze

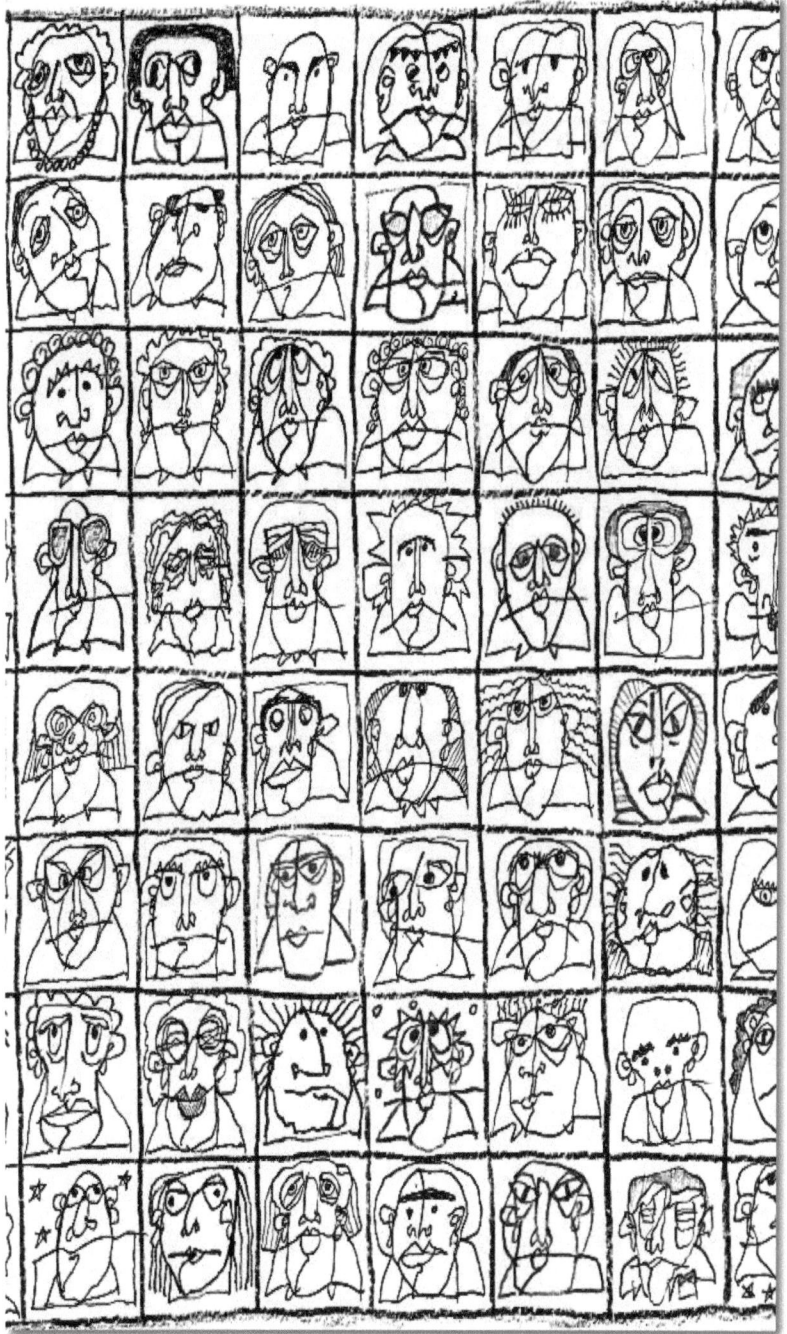

88

es gibt

wichtigere dinge
als

eine blume
einen baum
eine wiese
diesen hügel
diesen fluss
diese landschaft
den wald
das wasser
die tiere
das leben
das sein

uns

akws

sind
sicher

todsicher

akws

sind
sauber

schäden
sind
nicht
oder
extrem
schwer

nachweisbar

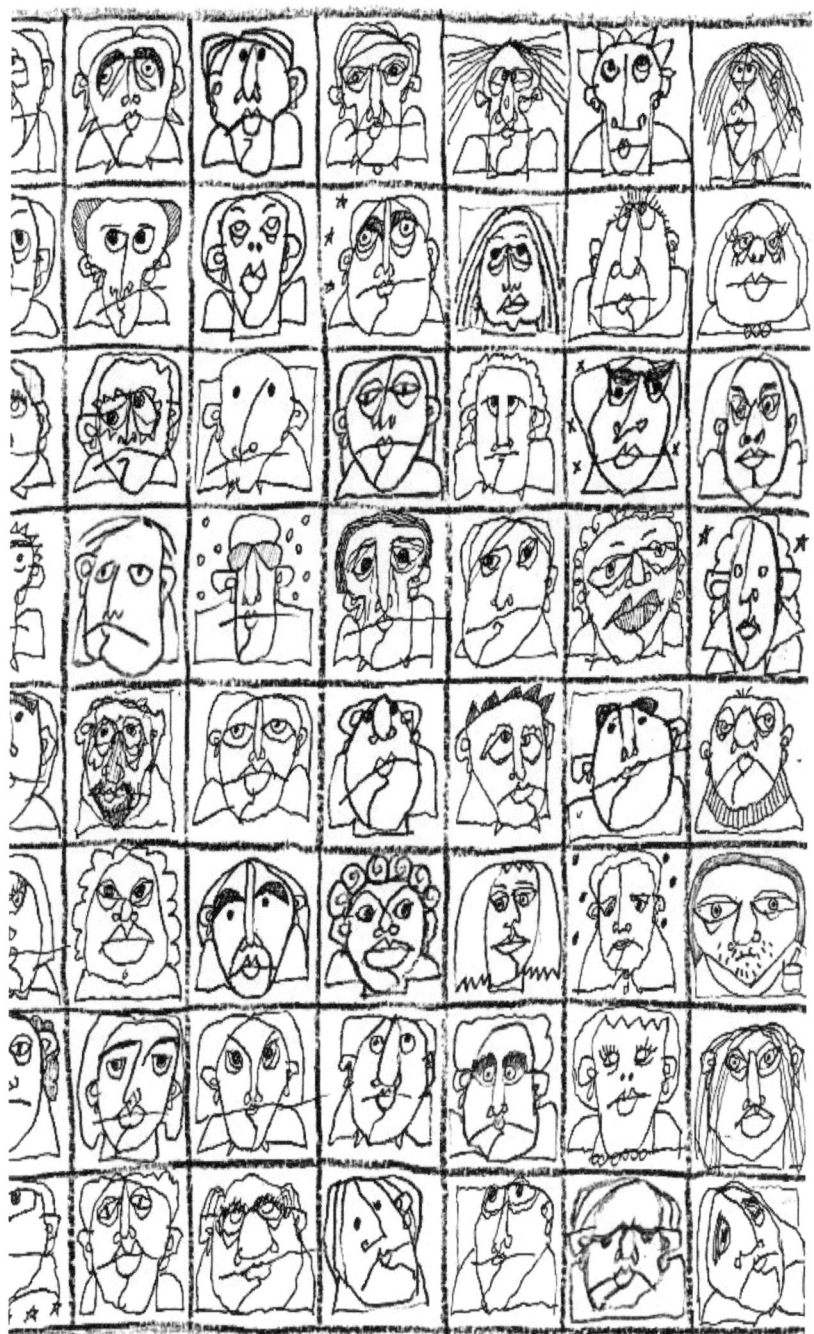

jeder

mann
hat
den gott

den er
verdient

das leben

ist kurz

der schrecken
ist lang

die grösste

aller
naturkatastrophen
war

der mensch

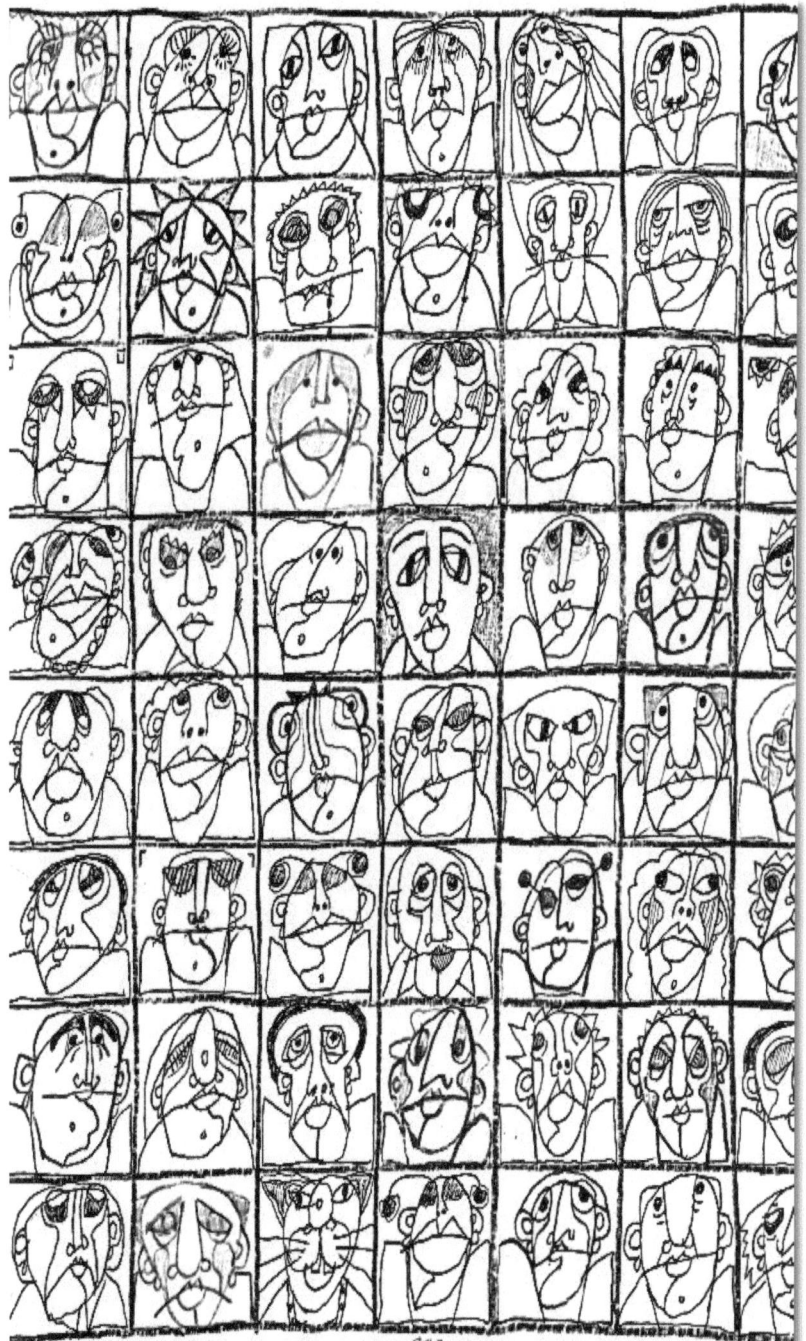

96

die

lebensgefährlichkeit
des lebens
nimmt
von minute
zu minute
zu

mittwoch

wird es
sein

wenn
der künstliche
sonnenauf-
und -untergang

die menschheit
auslöscht

deine leere

im gehirn
mann
kleidet dich gut

dein
sinnentleerter blick
mann
wirkt
vertrauen erweckend

dein
geistloser
geist
mann

überzeugt
motiviert
steckt an

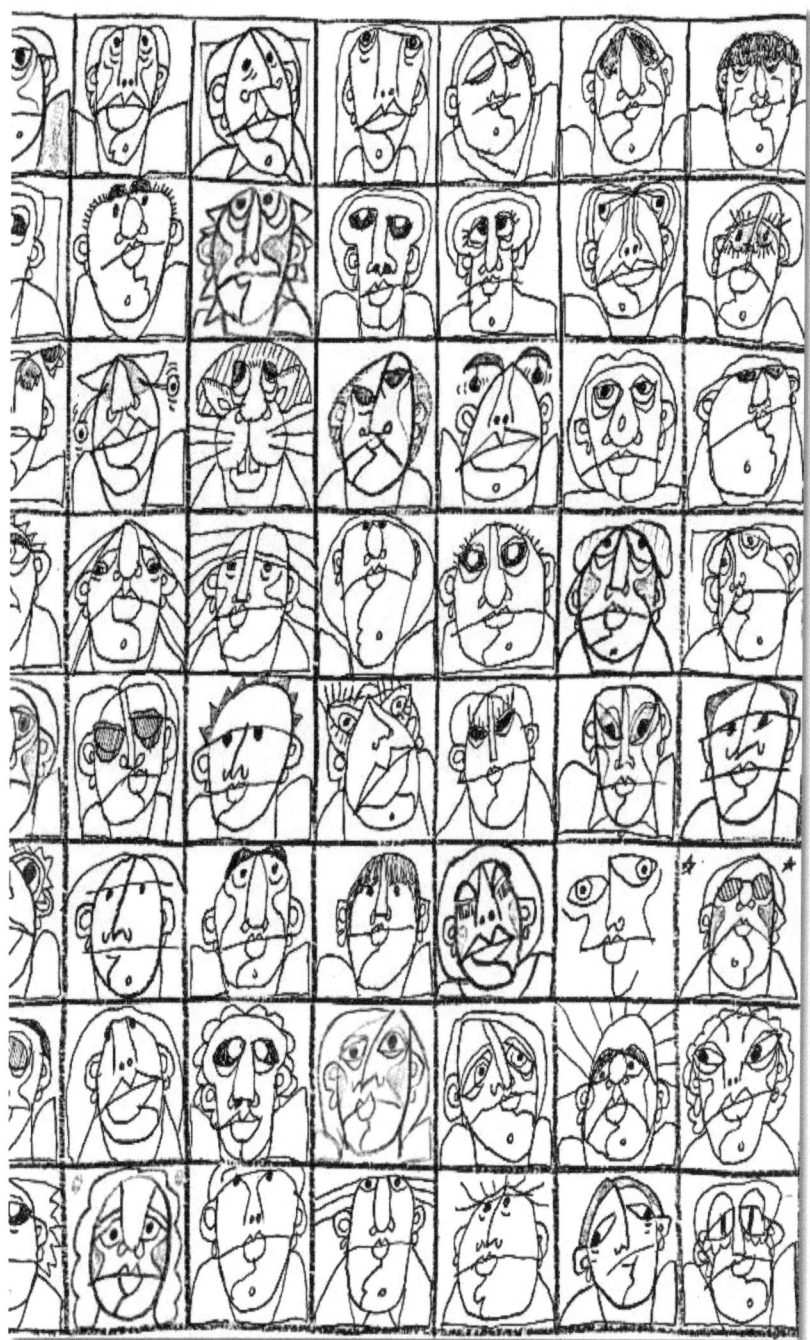

schweiss&

dreck

sind miteinander
verwandt

hier der schweiss
da der dreck

er schweisst unter
den achselhöhlen

sie dreckt
im garten herum

schweiss
dreck

schweiss
dreck

den ihren

gabs

die frau

im

schlaf

übung

machte

die

meisterin

der einen freud

war

der andern

leid

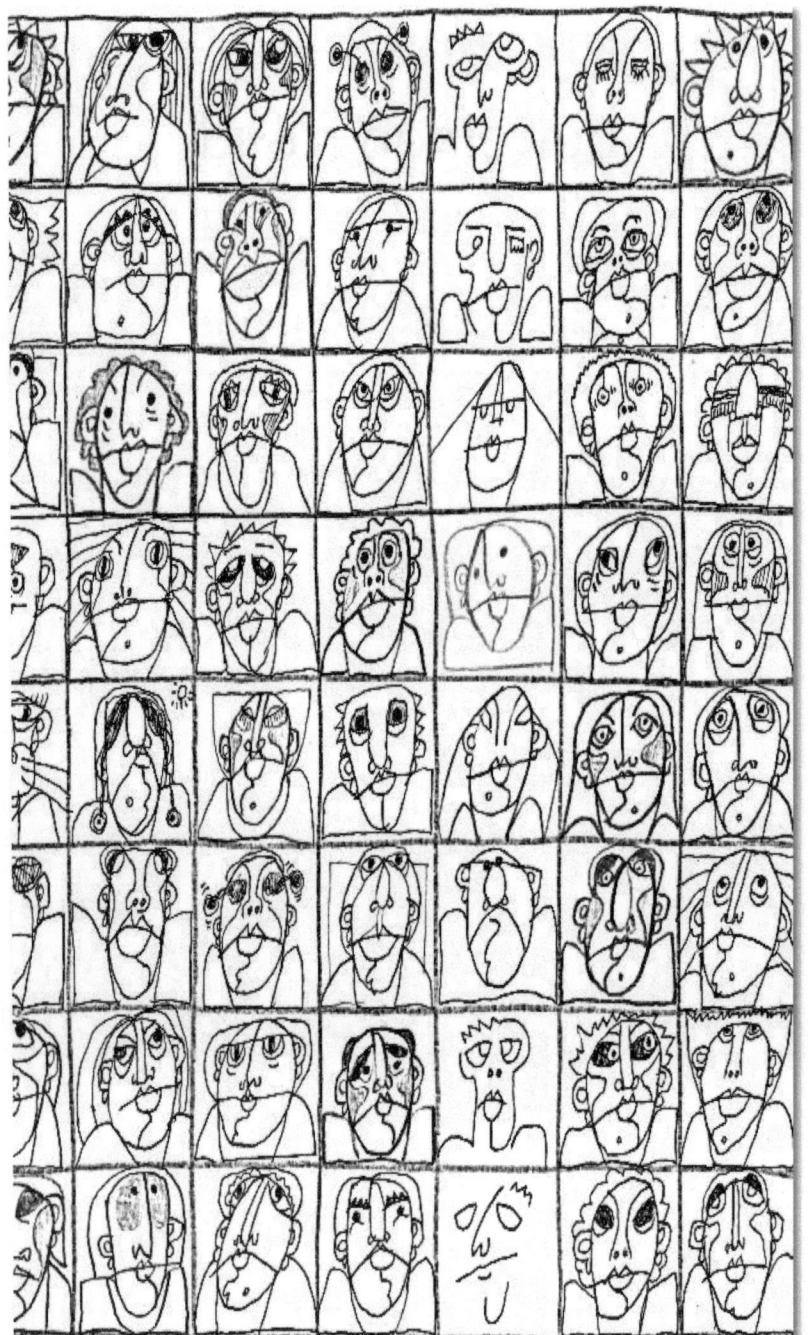

von der

saula

zur

paula

WO

keine klägerin

da war

auch

keine

richterin

einer nackten

frau

konntest

du

nicht

in die tasche

greifen

jede

kehrte

vor ihrer eigenen

tür

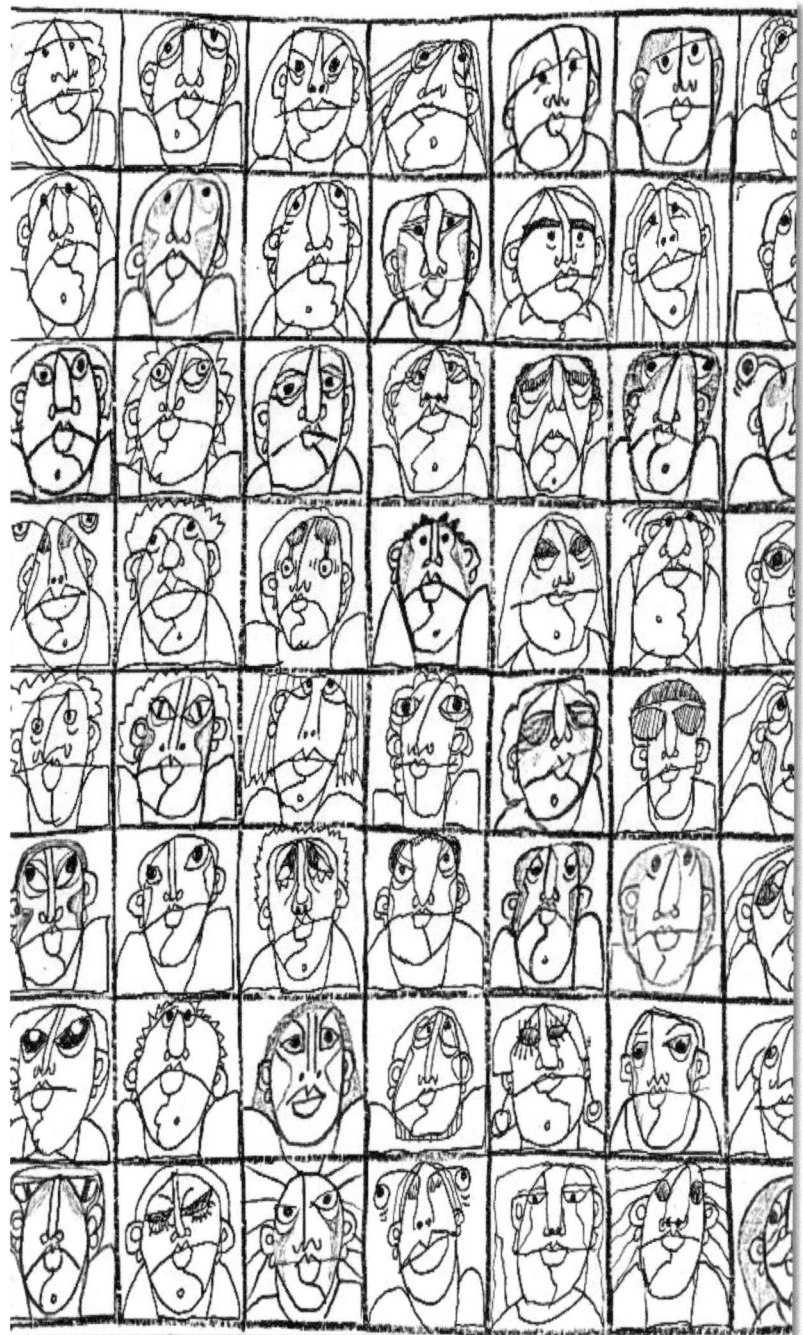

110

trittsti

mmorgenrotdahersehichdichimstrah
lenmeerdichduhocherhabeneherrlich
ewennderalpenfirnsichrötetbetetsch
weizerinnenbeteteurefrommeseelea
hnteurefrommeseeleahntgöttinimhe
hrenmutterlandgöttindiefrauimhehre
nmutterland

verfa

ssungdeskantonsaargau

10

allefrauensindvordemgesetzgleichkei
nedarfwegenihresgeschlechtsbenach
teiligtoderbevorzugtwerden

12

diereligionsgemeinschaftendürfendie
rechtederbürgerinnennichtbeeinträc
htigen

13

jedefrauhatdasrechtsichihremeinungf
reizubildenjedeschweizerinhatdasrech
taufausübungeinesberufs

126a

dieinderkantonsverfassunggenanntenp
ersonenbezeichnungenbeziehensichau
chaufdasanderegeschlecht

dieh

eiligeschrift

1.1
amanfangschufgöttinhimmlunderde

1.3
undgöttinspracheswerdelicht

1.4
undgöttinsahdassesgutwar

1.26
undgöttinsprachlasstunsfrauenmach
enundgöttinschufdiefrauihrzumbilde

2.8
undfraugöttinpflanzteeinengartenine
denundsetztediefrauhinein

2.18
undfraugöttinsprachesistnichtgutdass
diefraualleinseiichwillihreinegehilfinm
achendieumsiesei

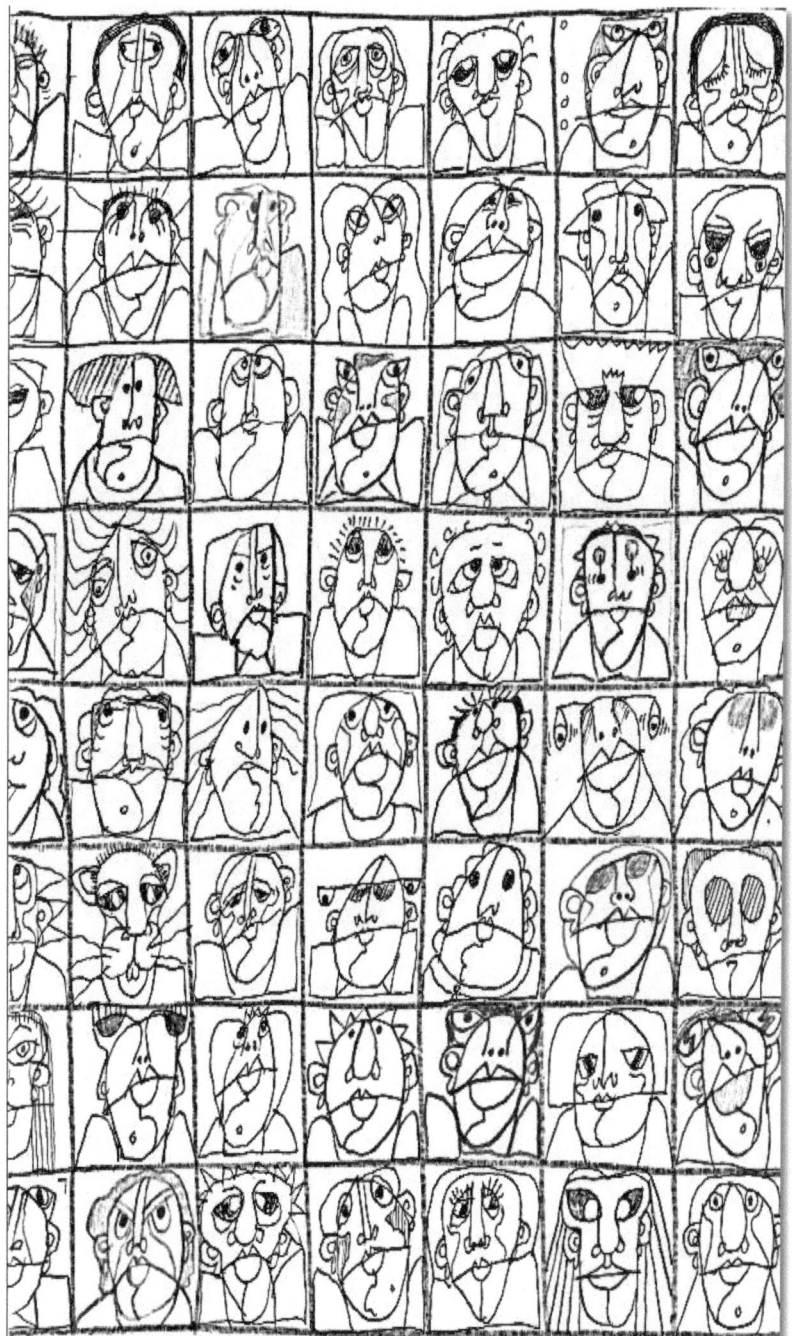

gottist

dieliebe

und die geht
durch den magen

drum haben
die menschen

die tiere
so gern

zum
fressen
lieb

wohin

dorthin
wo der tod
wartet

lauert

dich findet

dir freundlich auf
die schulter
klopft

höflich und anständig
und sehr nett

dir zuflüstert

komm mit
die reise ist zu ende
the trip is over
dein datum
ist abgelaufen

bitte
hier lang

vom sein

zum nichtsein

vom haben
zum nichthaben

das haben
ist vererbbar

das sein
nicht

doch ist das haben
die grundlage
des seins

angst
hunger
zeit
haben

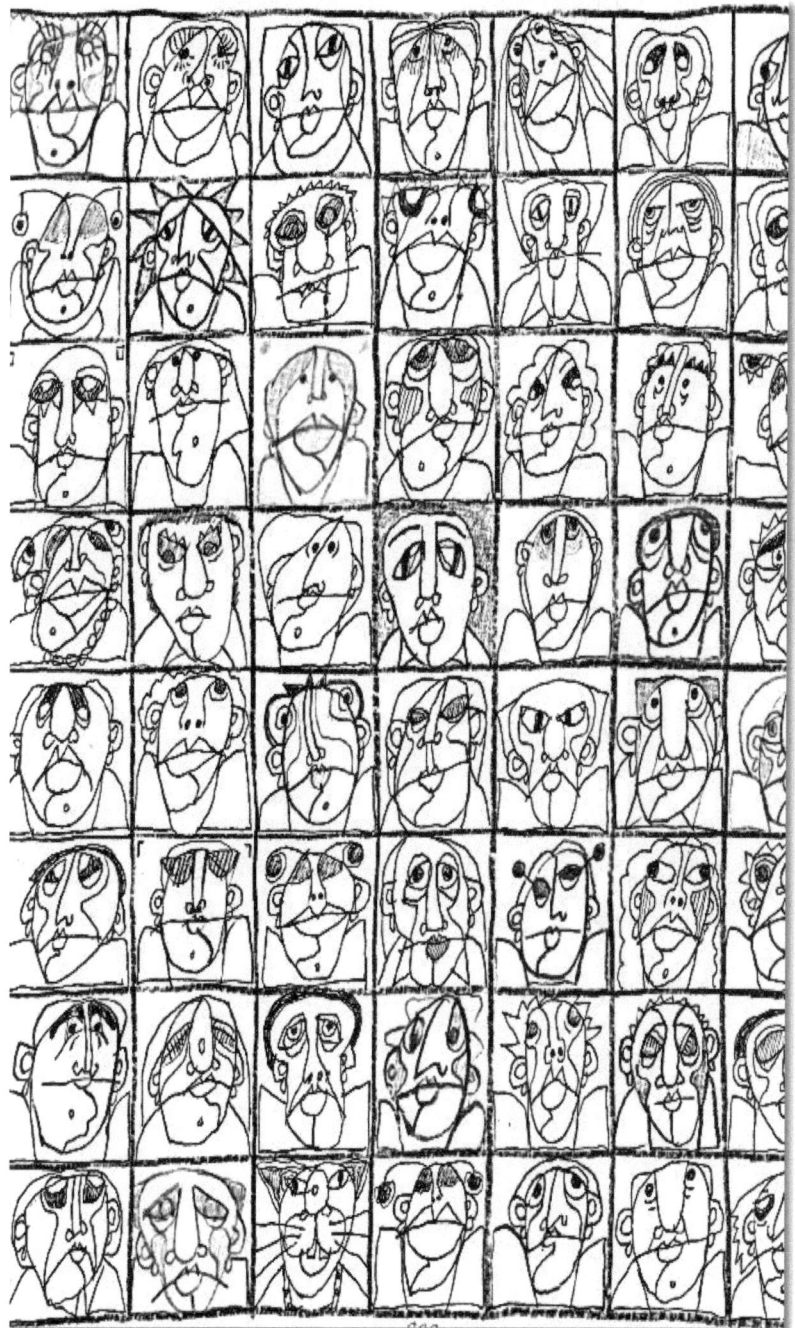

mit mir

muss ich
leben

mit dir
nicht

wenn ich

wirklich wüsste

was ich wollen

wirklich richtig
wollen würde

täte ich

nehme ich an

das
richtige

sein misstrauen

war grenzenlos

sein vertrauen
zerschmettert

sein herz
versteinert

die liebe
plattgewalzt

die beziehung
gesteinigt

die wahrheit
unwahr

die lüge
wahrheit

die hoffnung
im eimer

der glaube
ein wahn

befiehl

dir
deine wege

und hoffe
auf dich

denn
du wirst es

schon

eventuell
kaum
sicher nicht

schaffen

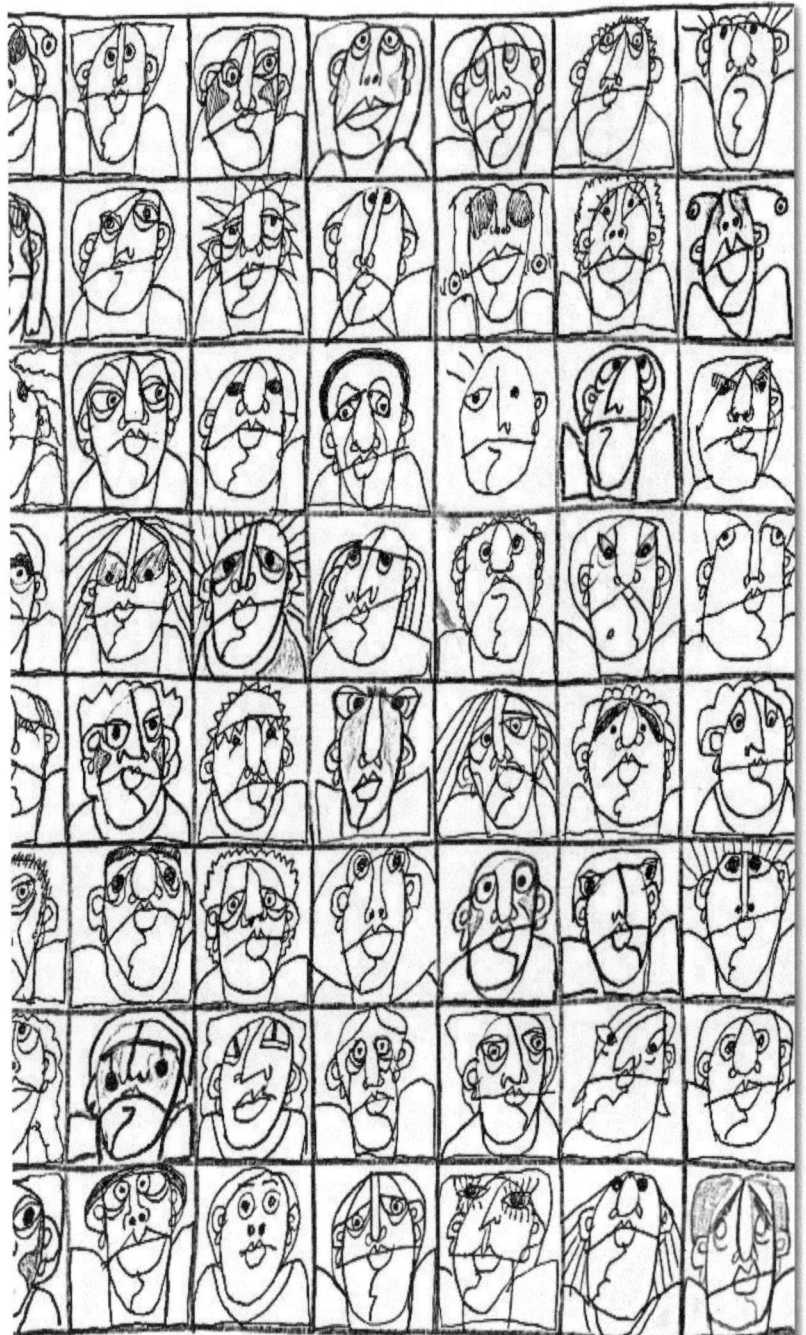

kaulquappen

im sand

mit glasigen

augen

wo gestern

die alpen

zerfielen

zu

staub

zeit zum

milch holen

ich glaube nicht

dass ein
gewitter
kommt

wenn der mensch

eine skispringerin
wäre

was bedeuteten

der absprung
die landung
der flug
das erklimmen der sprungschanze
das training
der anzug
die skis
die trainerin
die schanzenrekorde
das publikum
die direktübertragungen
die platzspeakerin
das wetter
der schnee
der wind
die sonne
das datum
die rangliste
die siegerehrungen
die enttäuschungen
die nationalhymnen

die pokale
die reklamen

was

was

ja was

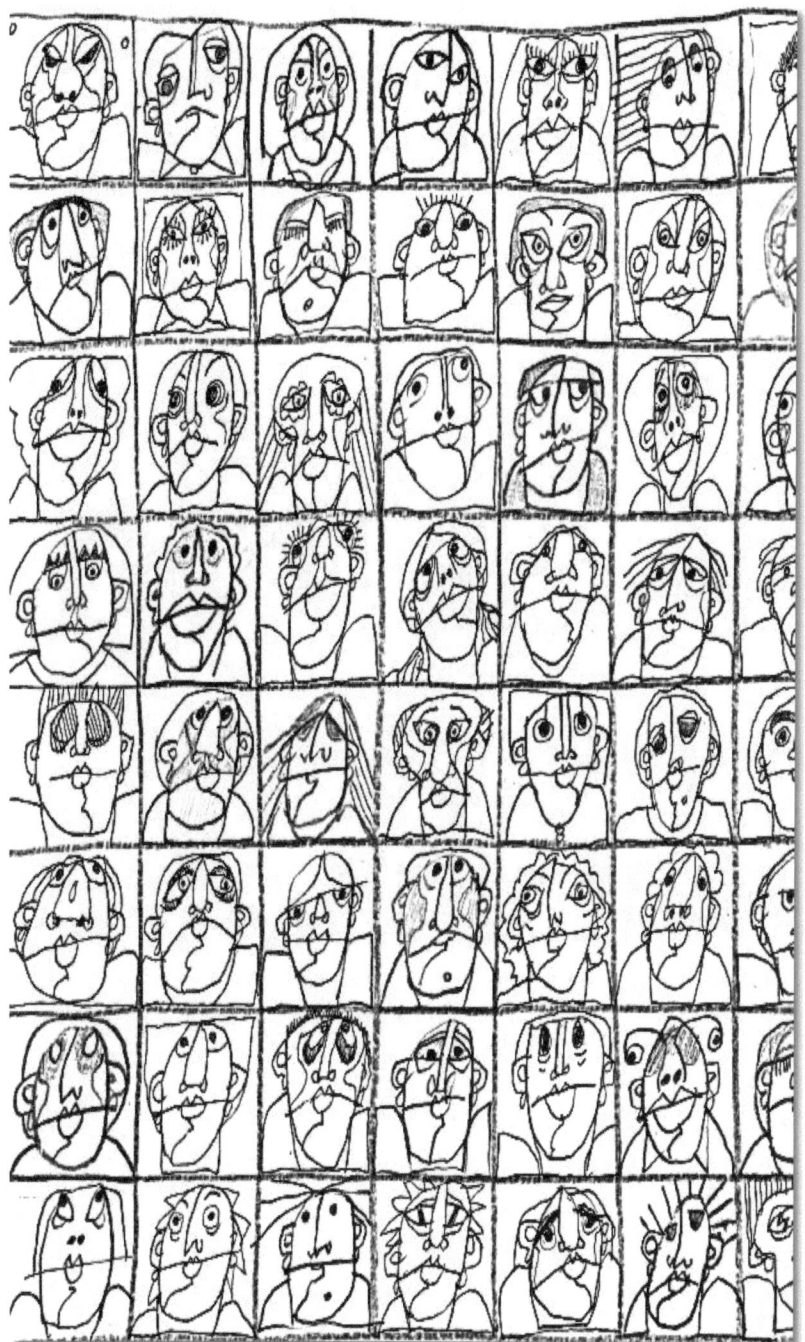

da verwandelte sich

so ein geschäftstyp
einfach langsam
in beton

zuerst kam sein geist dran
dann
seine seele

seit langem
hart wie beton

leblos wie
teer

tot
wie stein

dann sprangs über
auf die knochen

die wirbelsäule
die kniescheiben
die organe
das herz
die haut
das gesicht

beton

grauer armierter beton
zu beton erstarrt

wie
er es
vorausgesehen hatte
das zukünftige

und
wurde
dann
recyclet

zu bodenplatten
eines vermeintlich
atomsicheren
schutzbunkers

nie
waren geschäftstypen
so wertvoll
wie
damals

aufrüstung

schaffte arbeitsplätze

nachrüstung
schaffte arbeitsplätze

vernichtung, zerstörung, ausrottung
schafften arbeitsplätze

lieber
krieg

als

böser
friede

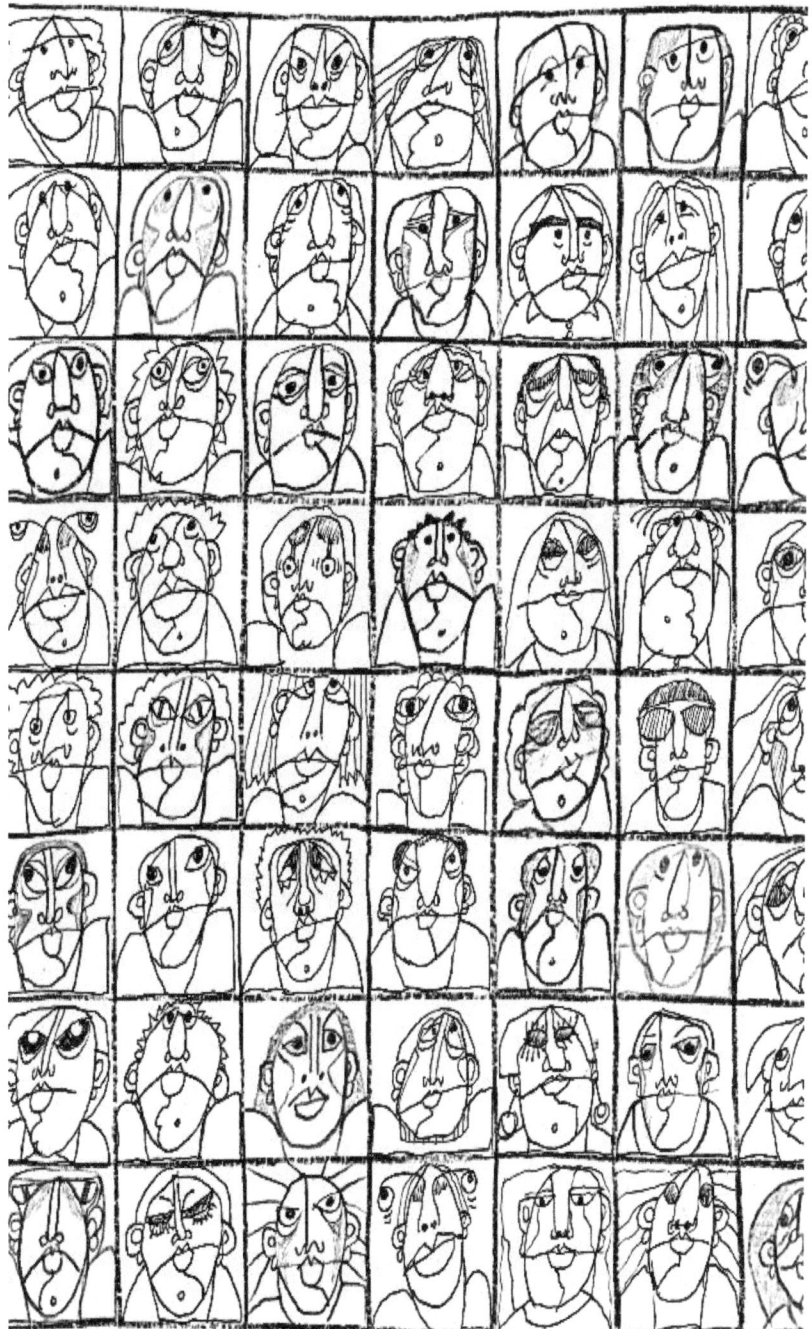

die geröllhalden

unter der abendsonne
spiegelten sich
endlos
im kahlen nebel
der hoffungslosigkeit

und dennoch

war da nicht ein saugstauber
leergesaugt

ohne
inhalt

als der schrei

erloschen war

begann es

zu regnen

meine poetische

elster

ist leider
eines natürlichen

und nicht wie gestern

irrtümlicherweise

von diversen medien verbreitet

eines
künstlichen

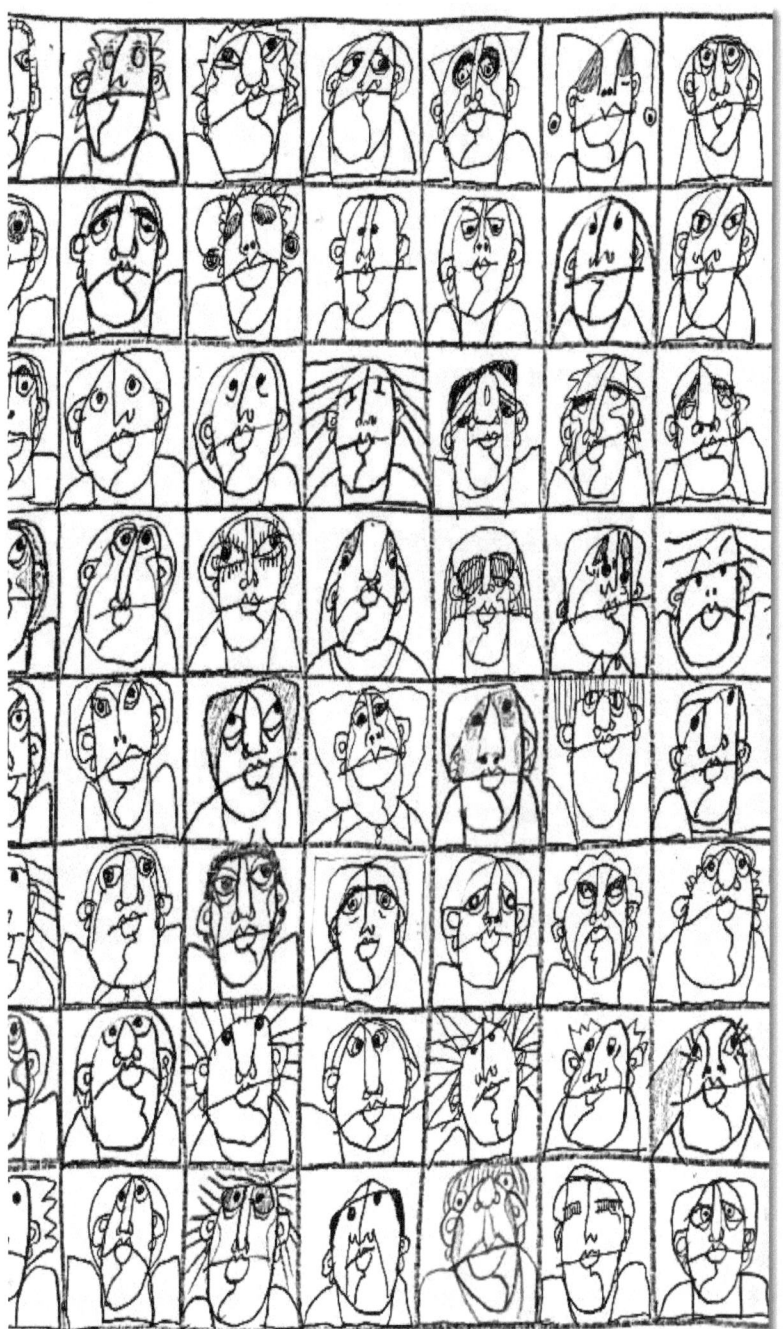

die sense

rauschte
durch die veilchen

der schnee
pfiff

salmonellen tanzten
auf der brücke

ein jaguar
heulte auf

die kurve stieg

das gras sang

das boot
war voll

das licht

der strassenlampe
im schmutzigen schnee

und der regen
das tropfen

es schmolz
das eis

auch ohne
sein
zutun

während er

dort sass

stumm wie ein erloschener
maulwurf

funkensprühend

und im garten
steine aus dem schnee
las

den text
vergessend

drehte sein helikopter
runde um runde

flatterte durch die sümpfe
im dickicht der kletterrosen

steifgefroren

schweigend

in der kapelle

von wand
zu wand

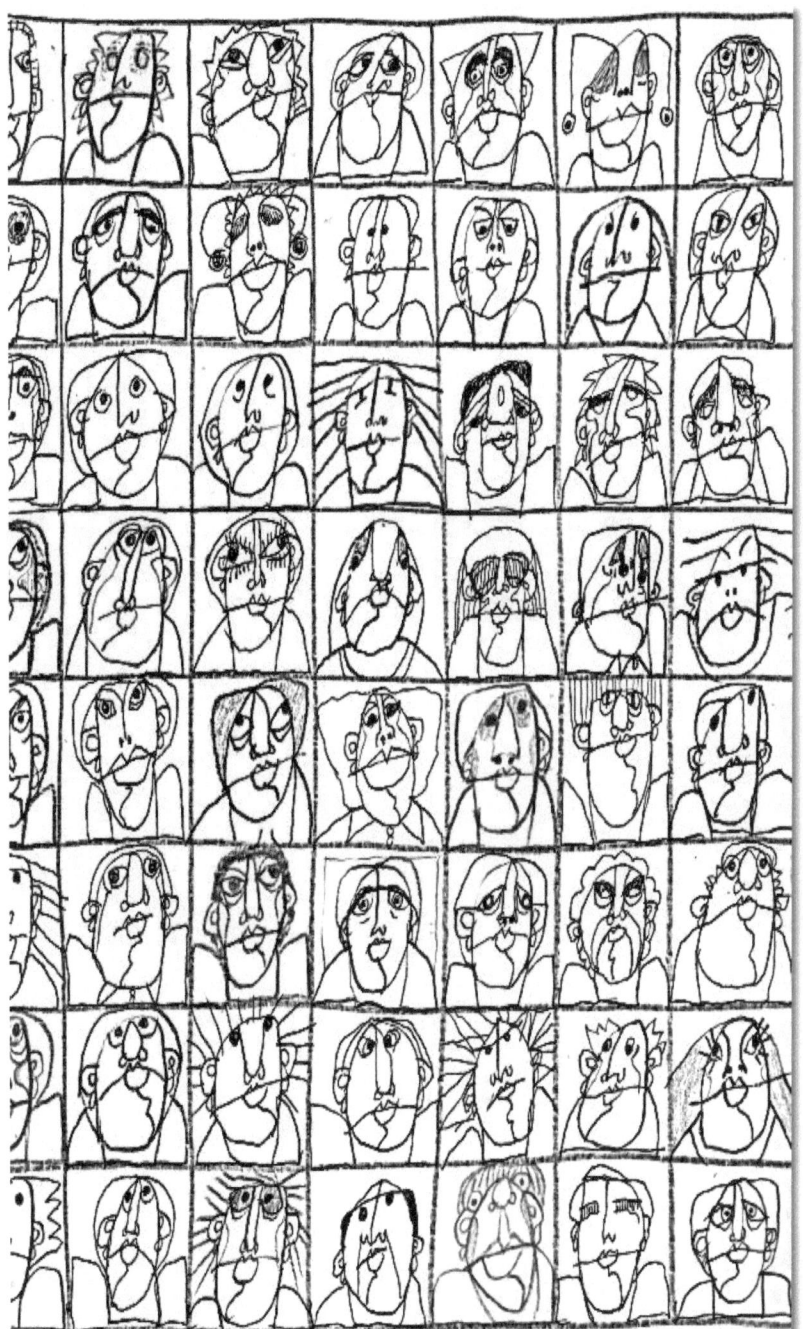

mann

warum hattest du
keine ahnung
von dem
was um dich herum
passierte

warum standest du
nicht auf
und wehrtest dich
nicht

warum schrieest du
nicht
sondern bliebst
ruhig an deinem platz

stumm

warum starrtest du immer
in dich
hinein

warum zittertest du
nicht
wenn sie dich
bedrohten

warum hautest du nicht

wenigstens einmal
auf den
tisch

warum hörtest du
nicht zu

warum warst du
ohne anteilnahme
ohne trauer
ohne fröhlichkeit

warum liefst du
nicht weg

warum weintest du
nicht
lachtest du
nicht

warum sträubtest du dich
nicht dagegen

lehntest dich
nicht auf

rebelliertest
nicht

warum
nur

mann

warum

mein bester

sprach schwester

esther

drück fester

und

schon war sie

tot

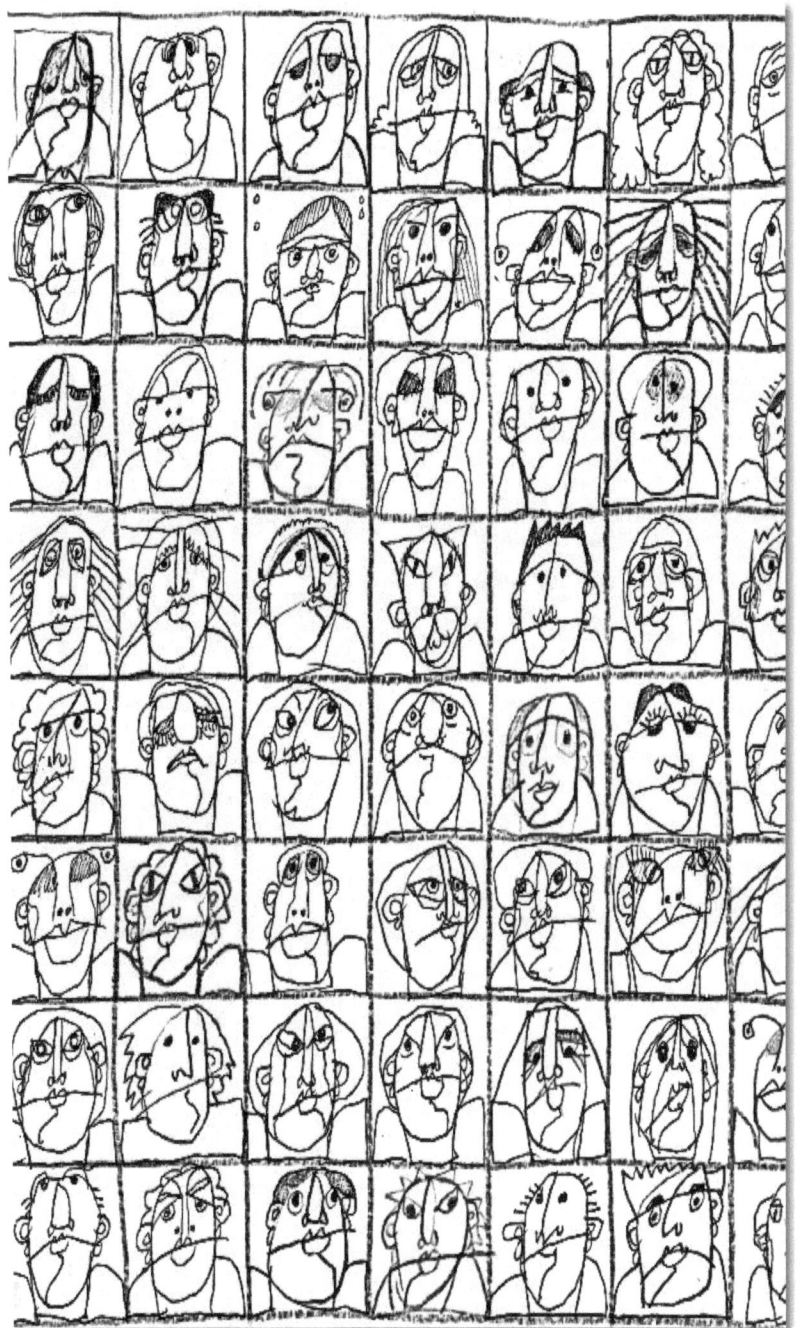

beim halten

und parkieren
ohne anhänger

genügt
innerorts

das parklicht
auf der seite
des verkehrs

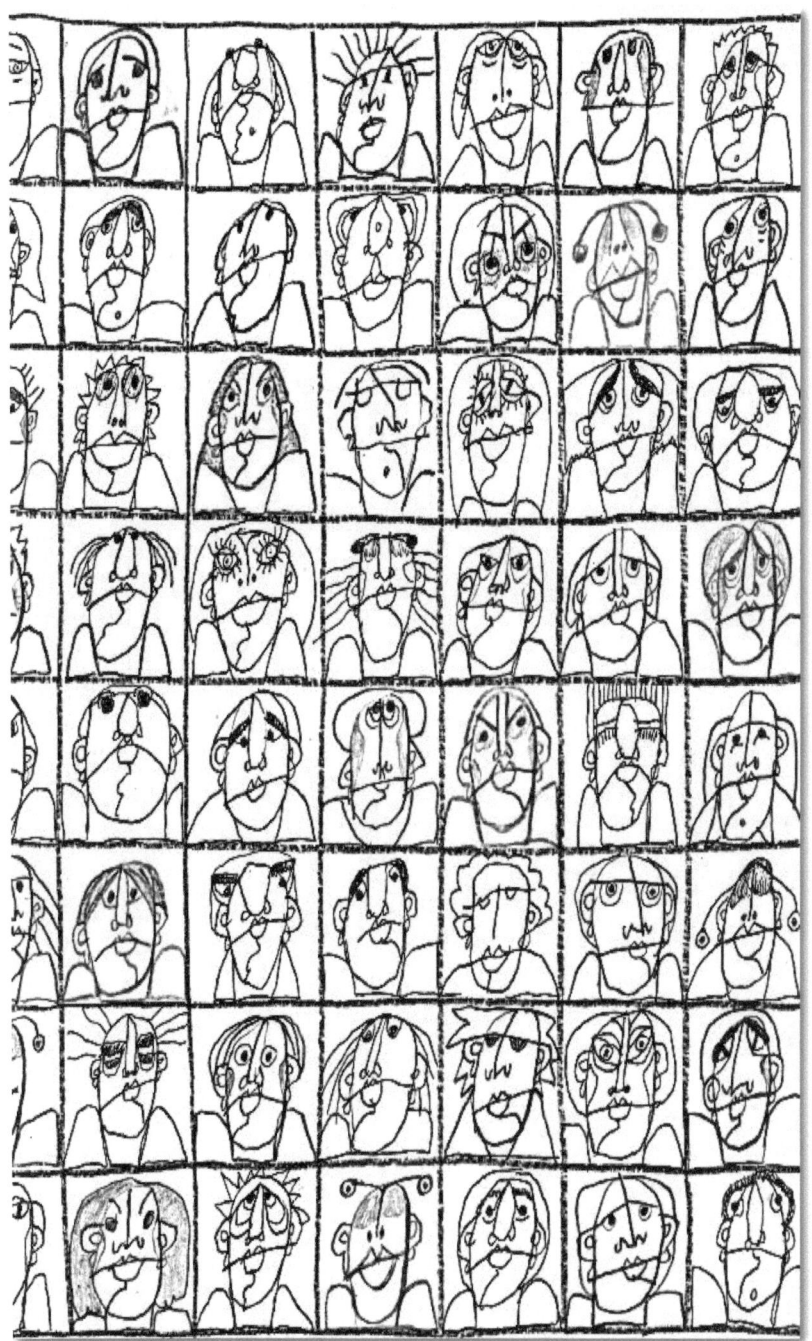

martin christen

autor

ehemaliger bezirkslehrer und aargauer grossrat
schreibt politromane, gedichte, theaterstücke
vater einer tochter und dreier söhne
wohnt in 5300 baden-turgi, aargau, schweiz

biografisches, berufliche, politische, sportliche tätigkeiten
geboren 1949 in rothrist, wo er die schulen besuchte
1965-1969 lehrerseminar zofingen
primarlehrer in oftringen (1969-1971), bülach (1971/72)
und spreitenbach ag (1972-1979)
studium deutsch, geschichte, englisch
an der universität zürich (1976-1982)
unterrichtstätigkeit an den bezirksschulen mellingen (1979/80)
und spreitenbach (1976-1980 /1981-2014)

fachlehrer für sport, deutsch, geschichte, englisch
verfasste und inszenierte mit seinen deutschklassen zahlreiche
jugendtheaterstücke wie
"julia und romeo 2012", "wer war's", "hawaii.ch", "vanished", "williwilli",
"5to12", "yetiyeti", "iziba"
jahrelanges engagement im "bruno weber park" spreitenbach mit
dokumentation "kunststiftung als kunstfälscherin" (2019)
theaterstück "alt", unaufgeführt (2022)
während insgesamt 18 jahren aktives mitglied des grossen rates aargau
(1985-1993, 1995-1998, 2007-2014 mit den politischen schwerpunkten
natur- und umweltschutz, bildung
mehrere präsidien, reichhaltige kommissionstätigkeit
mittel-, langstreckenläufer bei der lv wettingen-baden und redakor der "lv-
nachrichten" (1981-1989)
gründung des eigenverlags "achgottverlag" (2024)

publikationen
"todsicher. ein stück beznau" (2016)
anti-akw-vier-personen-stück (bisher unaufgeführt)
sein sarg, politroman (2020)
achgott. und andere dialoge. (2021)
ich – dazu fällt mir nichts ein. gedichte (2021)
reportagen aus amerika. (2021)
der sargmann. ein nachschrei. (2022)
keiner zu klein kein schwein zu sein. gedichte. (2022)
die sargfrau. ein vorruf. (2022)
ihr sarg. roman. (2023)
hugo merapis metagogik. roman. (2023)
hinter dir. dein leben in 977 fragen. (2023)
norbert rysers metagogik. dokumentation. (2023)
der flohmarktbrief. roman. (2023)
die bundesratskandidatin. politroman band 1. (2024)
die bundeshausgeburt. politroman band 2. (2024)
die bundeshausmutter. politroman band 3. (2024).

kontakt
martinchristen@bluewin.ch / +41 79 610 48 01
achgottverlag.ch, bahnhofstrasse 17, 5300 baden-turgi
https://achgottverlag.ch